MANUAL DE SOBREVIVÊNCIA E PROSPERIDADE NA RECESSÃO

Vença Todas as Crises

Nilton França

IBTD - Instituto Brasileiro de Tecnologia Digital

"Raramente, as pessoas de uma mesma família nasceram sob um mesmo teto." Richard Bach

Agradeço a todos que, a seu modo, tiveram a generosidade de contribuir para a realização e disseminação deste Manual, em benefício e proveito dos empreendedores e do fortalecimento do empreendedorismo.

De um modo muito especial, agradeço a Deus e aos meus pais, que me ensinaram o valor do trabalho honesto e da ética no relacionamento interpessoal, que pratico desde meu primeiro trabalho aos 14 anos de idade.

Às minhas 4 filhas: Tatiana, Anna Paula, Patrícia e Bianca às quais deixo de herança um legado de muita tenacidade, fé em Deus e profunda confiança na Providência Divina, que nos conduz às trilhas do bem, da prosperidade e do Amor ao próximo.

ÍNDICE

MANUAL DE SOBREVIVÊNCIA E PROSPERIDADE NA RECESSÃO

NILTON FRANÇA

PREFÁCIO

Este manual é fruto de uma larga experiência em gestão empresarial, adquirida inicialmente como gerente em multinacionais como: ESSO, XEROX. GENERAL MOTORS, posteriormente em consultorias independentes nas médias e pequenas empresas, do Brasil e em países das três Américas, como Argentina, Chile, Colômbia, Panamá e Estados Unidos.

Na Europa: Alemanha, Espanha, França, Itália, República Checa, em parcerias com APEX BRASIL, Agência de Promoção de Exportações e Investimentos do Brasil, além de intensa participação em projetos estratégicos e de capacitação empresarial, para consolidação e desenvolvimento do empreendedorismo no Brasil, através do SEBRAE.

É resultado de um sonho recorrente durante os vários períodos de recessão que vivenciei no Brasil e em alguns países do mundo ocidental e que de tão previsíveis até parecem ciclos climáticos, como as estações do ano ou como as fases históricas de escassez e abundância.

Tempos de vacas gordas, seguidos de tempos de vacas magras, que ocorrem desde que se conhece a história dos hebreus, no Egito antigo.

A ideia surgiu mais poderosa ainda, ao observar e vivenciar por mais de perto e por dentro das empresas, como consultor e como empreendedor, até descobrir e ter a certeza de que existem RECESSÕES que são genéricas, epidêmicas, pandêmicas e fora do domínio dos empreendedores, mas, que também há outro tipo talvez mais danoso ainda que estas, pois são aquelas recessões intra-societárias, particulares até individuais, que interferem recorrentemente, nos resultados e afetam a prosperidade e a perpetuação de empreendimentos muito promissores.

Descobri também, um fato em comum que é intrínseco, seja nas recessões globais ou nas individuais, particulares:

QUE AMBAS AS RECESSÕES, INVARIAVELMENTE COMEÇAM NO ERRO FUNDAMENTAL DE AVALIAÇÃO DO MOMENTO PRESENTE, E DAS PROVÁVEIS CONSEQUÊNCIAS DE ESCOLHAS EQUIVOCADAS, FEITAS SEM PROFUNDAS ANÁLISES DAS CAUSAS INDESEJÁVEIS, PRESENTES NAQUELAS CIRCUNSTÂNCIAS.

DECISÕES QUE AGEM SOBRE EFEITOS. AS QUAIS PODEM CAMUFLAR O PROBLEMA DE IMEDIATO, MAS QUE PERMANECERÃO LATENTES, COMO UMA GRIPE MAL CURADA, AFETANDO SILENCIOSA E NEGATIVAMENTE O FUTURO DAS ECONOMIAS, DOS NEGÓCIOS E DA VIDA DAS PESSOAS.

No final das contas; governos, empresas e negócios são realizados por PESSOAS.

PESSOAS VIVAS!

"Lembrar que estarei morto em breve é a ferramenta mais importante que já encontrei para me ajudar a tomar grandes decisões. Porque quase tudo - expectativas externas, orgulho, medo de passar vergonha ou falhar - caem diante da morte, deixando apenas o que é apenas importante.

Não há razão para não seguir o seu coração. Lembrar que você vai morrer é a melhor maneira que eu conheço para evitar a armadilha de pensar que você tem algo a perder. Você já está nu.

Não há razão para não seguir seu coração."

~ Steve Jobs (1955-2011)

Deste modo, com toda fé no espírito da livre iniciativa, que faz do empreendedor um protagonista importante da história humana, me proponho a dar minha retribuição a este fundamental movimento de libertação pessoal, econômica e motor da prosperidade da civilização moderna: o empreendedorismo.

Paradoxalmente este era o modelo de negócios vigente no mundo antes da revolução industrial, a qual passou a condicionar as populações de baixa renda para a pseudo segurança do emprego, dependente dos Estados, dos monopólios e não mais para o empreendedorismo como fator de prosperidade.

Eric Hobsbawn considera que a revolução "explodiu" na Grã-Bretanha na década de 1780 e não foi totalmente percebida até a década de 1830 ou de 1840, cinquenta ou sessenta anos mais tarde.

Ou seja, o modelo trabalhista vigente é um fenômeno relativamente novo (apenas 235 anos) na história da humanidade surgida há cerca de 200.000 anos e que pode estar sendo atualmente superado por uma evolução silenciosa, causada por variados fatores dentre muitos, a liberdade total das comunicações, das redes sociais, motores da nova ECONOMIA COMPARTILHADA, ambiente propício à prosperidade via empreendedorismo, a partir de sua enorme base na pirâmide econômica e social dos mercados.

Contudo, o que mais me angustia e ao mesmo tempo me motiva, com relação à vida útil que ainda me resta, é a imprevisibilidade.

No momento tenho 74 anos bem vividos com boa saúde, e se a genética for algo determinante e o acaso não disponha em contrário, imagino a probabilidade de vida longa, pois sou descendente de duas famílias de longevos; minha mãe tem hoje 97, e o meu pai faleceu vítima de um AVC aos 98 anos, imagino em consequência da sua teimosia, em não tomar o remédio para regular a pressão.

Portanto, já poderia ter-me aposentado há quatro anos, o que reivindico agora. Considerando a média de idade alcançada pelos meus pais, eventualmente poderia viver mais 23 anos, desfrutando do meu direito de ser inútil.

Isto para mim é simplesmente, assustador!

Por esta razão, resolvi colocar neste manual tudo que pude aprender, ao longo de mais de 50 anos, sobre o que fazer e o que não fazer, quando se tratar de uma gestão empreendedora próspera e feliz, que se possa aplicar a qualquer fase da vida, de qualquer gestor, porte ou existência de qualquer empresa, que perceba a utilidade do todo ou de parte desta prática ferramenta de trabalho, dentro ou fora de qualquer período recessivo.

Este manual não pretende ser nenhum compêndio de administração ou uma varinha de condão que abra todas as portas e janelas para o sucesso, mas funcionar como os eficazes MANUAIS DE SOBREVIVÊNCIA em ambientes inóspitos, como aqueles enfrentados por esportistas radicais, aventureiros ou tropas de resgate nas selvas, desertos, regiões polares ou montanhas geladas do mundo.

Sua utilidade é orientar aos empreendedores para que superem os variados desafios e ameaças, de modo a resgatar as empresas e pessoas, de circunstâncias perigosas à sobrevivência e prosperidade dos negócios.

Este manual tem por finalidade, ser preventivo e preparar empreendedores para enfrentar uma muito cruel transição de um período de bonança para outro de penúria econômica, como é todo período de recessão, o qual como nas guerras sabe-se como e quando começa, mas nunca como e quando se termina.

Esta minha atitude pretende através de um modo muito

simples de atuação e através de variadas práticas, fábulas, parábolas reais, muita reflexão, pesquisas literárias, experiências e
exemplos, contribuir para melhorar a qualidade de vida de cada
EMPREENDEDOR e usuário deste MANUAL.

Melhor ainda, a metodologia aplicada permitirá que ao
final, você possa interagir com as orientações e práticas, mes-
clando ideias desta obra com suas próprias inspirações, para
criar suas soluções particulares, de modo a construir um novo
MANUAL específico para sua empresa e para sua equipe numa
uma nova obra original, que se aplique à perfeição ao seu estilo
gerencial e ao seu negócio, de modo a fazê-lo único, diferente de
tudo, incomparável por inexistente, no mercado literário.

Um excelente, exímio e antigo comunicador de nome
Yusuf Ben Yussef, é o meu mentor e inspirador neste método de
transmitir conhecimento através de parábolas.

Ele afirmava que assim procedia porque deste modo, as
pessoas ao escutarem seus ensinamentos, os interpretariam
conforme suas próprias vivências do dia a dia e por este método,
suas mentes registrariam, aprenderiam, ampliariam e aplica-
riam tudo de modo mais fácil, indelével, permanente e rotinei-
ramente, mesmo sem precisar anotar nada, até por que, a maioria de sua plateia naqueles tempos antigos, se compunha de
gente muito rude e até mesmo de muitos analfabetos.

Ao final da obra, revelarei o nome latino deste meu mentor.

Entendo como definição de empreendedor, toda aquela
pessoa, dotada de um forte espírito desbravador, um ser co-
rajoso e amante do risco, assim como foram os bandeirantes
brasileiros, no século XVI, que ampliaram exponencialmente
o território do Brasil em marcha batida, cruzando selvas, caa-
tingas, cerrados, pantanais, enfrentando enfermidades, animais
selvagens, indígenas hostis e climas desconhecidos, para avançar além da linha de Tordesilhas, conquistando para todos nós
brasileiros este imenso e riquíssimo patrimônio nacional, que

hoje ocupa a metade do território e da população de toda a América do Sul.

O empreendedorismo é um movimento de consolidação de uma ideia-força que pode ir mais além da superação do fenômeno de uma recessão, estagflação ou mesmo depressão econômica.

Tem o poder e deve contribuir para a criação e expansão de uma poderosa rede, composta de empreendedores de valor extraordinário.

Capaz de gerar, expandir e perpetuar renda e empregos de modo sustentável, aproveitando as oportunidades que possam se apresentar durante esta atual e penosa turbulência econômica e social. Pode produzir uma verdadeira revolução pacífica para a prosperidade de todo o País.

Pesquisa realizada no Reino Unido identificou as Pequenas Empresas de Rápido Crescimento, usando o critério de receita anual entre um e 20 milhões de libras, e um crescimento superior a 20% ao ano. Descobriu que estas representam apenas 1% das empresas e entre 3 a 4% da economia, mas foram também responsáveis por 36% do crescimento da economia em 2013 e 68% dos empregos entre 2012 e 2013.

O secretário de Negócios, Inovação e Perfis Profissionais do Reino Unido, afirmou:

"O governo reconhece que um pequeno percentual de empresas, gera uma quantidade desproporcional de inovação e crescimento do emprego".

Através deste abalizado testemunho de uma autoridade pública, do governo de uma comunidade socioeconômica anterior à Revolução Industrial, que goza de credibilidade internacional, aproveito para comentar sobre uma observação de muitos anos atuando pessoalmente, junto a entidades representativas e de apoio às empresas de pequeno porte:

O empreendedorismo no Brasil tem um perfil bem diferente daquele do Reino Unido em vários aspectos: representa cerca de 98% das empresas instaladas e é o maior empregador do País, mas, paradoxalmente e há muito tempo, apenas subsiste a duras penas, e a troco de castigos fiscais, tal como um elefante domado que desconhece seu real poder.

E isto não ocorre por casualidade ou por inércia, mas, por CAUSALIDADE de um sistema híbrido e obsoleto de capitalismo de estado, no qual o peso dos monopólios e oligopólios das empresas estatais, mais o tamanho hipertrofiado do Estado em seus três níveis de poder, que exploram a atividade produtiva de modo escorchante, através de uma tributação imediatista que drena as riquezas, antes que estas gerem o bem estar social que seria possibilitado pela prosperidade gerada através empreendedores, empregados, famílias e contribuintes em geral.

Ao contrário, o Estado monstruoso provoca dependência de toda uma cadeia de prosperidade criando empecilhos ao crescimento dos pequenos negócios, para assim exercer seu poder avassalador, concentrando riqueza em área de atividade improdutiva, que perpetua um sistema político e econômico injusto e danoso ao empreendedorismo, matando no nascedouro muitos inovadores e promissores empreendimentos, multiplicadores de riqueza e principalmente novas lideranças empresariais.

Costumo alertar aos empreendedores para a analogia descrita abaixo:

A técnica asiática de condicionamento dos paquidermes consiste basicamente em prender numa das patas de um elefantinho ainda bebê, uma argola metálica acoplada a uma longa corrente, ancorada num forte toco de madeira fincado profundamente no chão de um extenso terreno, contíguo à casa do seu domador.

Deste modo o elefantinho crescerá até a idade adulta quando então seu corpanzil de mais de quatro toneladas, será docilmente conduzido pelo tratador, através de uma corda instalada na mesma argola empregada para seu condicionamento e a partir daí, seguir realizando as pesadas atividades do meio rural.

Condicionado em circunstâncias similares, o empreendedor isolado, nunca se utiliza de seu poder (98% das empresas do País) para proveito próprio, de seus colaboradores e clientes.

Estão condicionados por um toco imaginário, similar àqueles com os quais se DOMAM poderosos e magníficos elefantes, como veremos a seguir:

Dados recentes e não tão recentes, apontam claramente para este poder inerte como um rochedo, até aqui nunca utilizado por este dócil e domado mastodonte sul americano, mas que a partir de sua tomada de consciência poderá, resgatar e alavancar a prosperidade do país inteiro, gerando uma revolução pacífica em favor da prosperidade:

ALGUNS DADOS INTERESSANTES
SOBRE AS PEQUENAS EMPRESAS BRASILEIRAS

Em 1985

– Micro e pequenas empresas = 21% do PIB

Em 2001

– Micro e pequenas empresas = 23,2% do PIB

Em 2009

– O PIB foi negativo em 0,3 (abaixo de zero) e o desempenho das MPEs foi muito superior em crescimento em todos os três setores:

Serviços: + 10 % Comércio: + 13% Indústria: + 3%

Em 2011 (última estatística disponível)

– 27% do PIB Nacional, deste:
• Comércio e Serviços: 19% com 98% das empresas/setor;
• Indústria: 7,8% com 99% das empresas do setor;

PIB Setorial

– Comércio: 53,4% do PIB do setor

– Indústria: 22,5% do PIB do setor

– Serviços: 36,3% do PIB do setor

Empregos nas MPEs

– Serviços: 44%

– Comércio: 70%

Remuneração sobre o total da economia

– 50% do valor total da massa salarial.

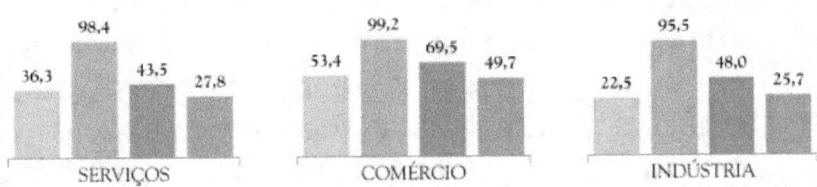

Fontes: SEBRAE/ FGV/IBGE.

Deste ponto de vista, com o poder econômico e laboral que as PMEs dispõem e quando os empreendedores tomarem consciência de seu poder e de suas empresas de pequenos e médios portes e se decidirem a prosperar apesar dos governos, poderão agir de modo inovador, aproveitando-se da própria experiência acumulada e com muita criatividade inerente aos brasileiros, será capaz de produzir um movimento espontâneo, no sentido de aproveitar-se do recente fenômeno propulsor da prosperidade: o novíssimo e revolucionário modelo de negócios denominado, economia compartilhada.

Uma verdadeira revolução pacífica em favor da prosperidade, mesmo num ambiente recessivo, dentro da qual, o empreendedorismo contribuirá para o relançamento da economia brasileira ao encontro do crescimento sustentável, de uma enorme (98%) base empresarial de médios e pequenos portes.

Através do compartilhamento do conhecimento, se produzirão: redução de custos, ampliação da produtividade, competitividade e lucratividade resultando em geração de renda, demanda exponencial de empregos formais e melhoria da qualidade do meio ambiente e da vida.

Por vislumbrar esta oportunidade, defini que a partir de agora, o meu próprio negócio se denomina:

PROSPERIDADE.

Que a missão deste meu NOVO negócio é:

Buscar em todas as fontes do conhecimento permanentemente disponíveis, desde o passado e no presente, meios consagrados, criativos, inovadores e eficazes, para através de intercâmbio de conhecimento, dotar os empreendedores, das melhores e mais adequadas ferramentas para a prática de uma gestão compartilhada, lucrativa e vencedora, visando promover prosperidade, perpetuação dos negócios, e uma qualidade de vida plena e feliz.

Sugiro que leia e pratique este manual com atenção, paciência e motivação para atuar com fé e segurança. Fique atento aos muitos desafios que terá de enfrentar, procedendo como na oração proferida pelo Almirante Nelson, comandante da mais poderosa marinha do mundo à sua época, a inglesa:

"Senhor dê-me a paciência de aceitar tudo aquilo que não possa ou não deva ser mudado, Dai-me a   coragem para mudar tudo aquilo que possa e deva ser mudado, mas, dai-me também, a sabedoria para discernir entre uma coisa e outra".

Esta reflexão serve para todos os momentos da vida, mas, é particularmente importante para todo e qualquer empreendedor, que tenha sido colhido em meio à tempestade de uma recessão, o corolário negativo de um processo clássico sempre aplicado por governos, para destruir valores, reduzir crescimento e controlar inflação que eles mesmos criaram, e dela se beneficiaram, para manutenção da hipertrofia do Estado improdutivo e cobertura dos déficits públicos, à custa dos setores produtivos e sua força de trabalho.

Recordo uma frase de Ronald Reagan, proferida em seu discurso de posse em 20 de janeiro de 1981, quando recebeu o mandato de Presidente dos Estados Unidos da América, em meio a um processo de inflação crescente:

"Enganam-se aqueles que pensam que o governo é a solução. O governo é parte do problema".

Em seu primeiro mandato, aplicou-se uma política baseada em um programa de cortes de gastos públicos, redução de impostos e incentivos ao comercio internacional, apelidada de Reaganomics. Apesar das restrições internas e como resultado do sucesso deste plano, foi reeleito para seu segundo mandato findo em 1989.

Quando vejo os processos desastrosos de ajustes econômico praticados nos últimos trinta anos pelos passados governos do Brasil, me vem claramente à memória um discurso da "dama de ferro", primeira-ministra da Inglaterra, Margareth Thatcher, quando se referindo a uma expressão corriqueira e muito mal utilizada pelos governantes brasileiros, quando vulgarizam a importância da expressão dinheiro público:

"Não existe esta coisa de dinheiro público, existe apenas dinheiro dos pagadores de impostos".

Quando em 2016 escrevi a primeira edição deste Manual, o Brasil vivenciava uma travessia política e econômica muito tumultuada, que desaguou no *impeachment* da presidente Dilma Roussef, no meio de uma turbulência muito grave no bojo de um escândalo de corrupção sistêmica sem paralelo nem dimensões em toda história do mundo.

A recessão que se seguiu, perdurou pelos quatro anos seguintes, afetando de modo muito destrutivo aos segmentos produtivos, principalmente de médio e pequeno porte em especial os empreendedores, tradicionalmente descapitalizados e dependentes de capital de terceiros, principalmente do oligopolizado sistema bancário.

Mas, infelizmente a tormenta tropical que estava por vir, com seus ventos, raios e trovoadas era como uma suave brisa de primavera, diante do imprevisível desastre sanitário com sequelas econômicas de dimensões epidêmicas.

No horizonte, já se armava a pior ameaça a saúde humana, social e econômica sem precedente na história de toda a humanidade.

A epidemia denominada COVID 19, originada como tantas outras na China, a qual neste instante deixa rastro de destruição de vidas, empregos, riqueza cultural e material que levarão anos para reequilibrar economias inteiras ao redor de todo planeta.

Recessão nunca vista já afeta países e regiões econômicas em índices arrasadores, e é apenas resultado direto da PANDEMIA.

Vejamos:

PREVISÃO DO PIB PARA 2020 NOS PAÍSES DO G 20

ITÁLIA (- 9,1)
COMUNIDADE EUROPÉIA (- 7,5)
FRANÇA (- 7,2)

ALEMANHA (-7,0)
AUSTRÁLIA (- 6,7)
MÉXICO (- 6,6)
REINO UNIDO (- 6,5)
CANADÁ (-6,2)
ESTADOS UNIDOS (- 5,9)
ÁFRICA DO SUL (- 5,8)
ARGENTINA (- 5,7)
RUSSIA (- 5,5)
BRASIL (- 5,3)
JAPÃO (- 5,2)
TURQUIA (- 5,0)
ARABIA SAUDITA (- 2,3)
COREIA DO SUL +1,2
INDONESIA + 0,5
CHINA + 1,2
INDIA (+1,9

MUNDO (- 3,0)

Fonte :Fundo Monetário Internacional 06 junho 2020 (12H42)

O resultado pior que este é o PANDEMÔNIO causado pelo desarranjo total dos sistemas econômicos e estruturais dos variados tipos de governos de todos os países;

Desta recessão nascerão os gêmeos xifópagos: depressão econômica e humana em escalas nunca dantes imaginadas.

Este MANUAL foi surpreendido pelas circunstâncias, mas continua mais atual do que nunca pois, o ser humano está fadado a vencer os desafios.

Afinal se algum dia descemos das arvores, foi para ir muito além da visão limitada daquela posição.

Aprendemos a andar eretos, a perceber melhor aquilo que estava ao redor, aprender a utilizar melhor recursos disponíveis, utilizar o fogo e a energia nuclear, a inventar e aperfeiçoar, a aprender e a desaprender, dentre muitas coisas mais.

"O ser humano é eterno, enquanto seu EXEMPLO permaneça."

PERMANECERÁ, SE ACREDITAR!

CAPÍTULO 1

O plano do desastre

Q uando ocorre uma recessão, ou pior, um fenômeno atual e ainda mais grave denominado estagflação (= a estagnação + inflação) ou ainda pior uma Depressão, o que atualmente assola o Brasil, muitos sinais são dados previamente pela economia, (o PIB brasileiro vinha caindo desde 2009 com um pique positivo, apenas no ano "eleitoral" de 2010) sem que a maioria das pessoas; consumidores, gestores, empreendedores percebessem sua perigosa sutileza, assim como ocorre com as lentas cheias dos córregos, aparentemente insignificantes cursos d'água, que sequer são notados por quem não é um ribeirinho. Nos negócios também ocorre deste modo, porque os empreendedores, via de regra, estão sempre sufocados com suas tarefas, afazeres e rotinas e como tal, são vitimas incautas do condicionamento produzido pela propaganda oficial, replicada através da mídia, e do interesse dos governos e suas redes de comunicação, em produzir-se algum tipo de efeito manada.

Este efeito atua como uma inebriante melodia como naquela fábula do flautista de Hammelin, o qual com a música de seu instrumento mágico, acabou com a peste bubônica na vila onde vivia, atraindo milhares de ratos para o afogamento no rio, de modo similar como se procede na condução das boiadas pelos campos, a partir do som de um berrante, que mantém as rezes dentro dos limites que os peões de boiadeiro determinem.

"Por falta de um berrante, se perde uma boiada", como bem dizem os caipiras no campo.

Ou ainda pior e mais apropriadamente, como se lê na brilhante obra de Aldous Huxley: O Admirável Mundo Novo, cuja leitura sempre recomendo nestes casos.

Saiba mais em https://pt.wikipedia.org/wiki/Admir %C3%A1vel_Mundo_Novo

Entretanto, como apenas duas coisas na vida são inexoráveis; a morte e os impostos, torna-se necessário que o empreendedor desperte a tempo de mudar as suas circunstâncias, para alterar a tendência desastrosa e para criar uma nova perspectiva, que o levará a um melhor destino em sua viagem para a sobrevivência e prosperidade do negócio e de si mesmo.

Neste caso, é necessário entender antes de tudo, que uma analogia bem adequada ao caso de uma recessão com estagflação, é aquela em que tudo que é importante e crítico na gestão empreendedora, se assemelham muito a uma viagem de avião, cuja segurança depende de fatores muito diversos, como: plano de voo, check list, clima na rota, propulsores, combustível, instrumentação, manutenção, orientação, aferições e perícia do comandante, o qual nem conhecemos e cuja partida sob um "céu de brigadeiro" nunca permite a ninguém sequer imaginar, que algum desastre iminente possa vir a acontecer, principalmente quando nos trechos anteriores, as decolagens e os pousos foram executados de modo rotineiro, sem sobressaltos.

Por que então se preocupar com o que poderia eventualmente acontecer adiante?

Aí é onde reside o perigo, pois, quando menos se espera,

um erro de rota, uma desastrosa corrente de vento cruzado ou de altitude ou mesmo uma pane no radar meteorológico que esconda uma nuvem cumulus-nimbus, em aparentemente distancia inofensiva, ou ainda uma pane geral de instrumentos, podem guardar desagradáveis surpresas, se o piloto não estiver atento, ou se estiver excessivamente confiante na tecnologia embarcada, ou em seu estilo de pilotar.

Muitos dos mais fatais acidentes aéreos e navais (lembra-se da ordem: "vade abordo Schetino" quando do naufrágio do cruzeiro Costa Concordia?) também aconteceram para comandantes muito experientes e confiantes, como se faz notícia, mundo afora.

Assim também, desastres econômicos fora do seu domínio podem acontecer, mesmo com os gestores mais experientes e confiantes, pois, para nós humanos os atos de voar, gerenciar ou de governar acontecem num equilíbrio de forças muito precário.

Acostumados a decolagens magníficas e pousos de águias, poucos estão preparados suficientemente para enfrentar uma aterrissagem forçada sobre uma selva tropical hostil, acidente de percurso que mais se assemelha a uma depressão com estagflação como estamos vivendo nestes dias, similar a uma experiência real que se pode perceber na reportagem original de Veja de 13 de setembro de 1989.

Aproveite para um acurado exercício de analogia entre os relatos descritos, quanto às causas e consequências de um acidente aéreo do passado e a circunstância atual de sua empresa, seu mercado e seu futuro próximo.

Imagine-se na manhã de domingo 3 de setembro de 1989, você embarcando em S. Paulo num Boeing 737-200 com destino a Belém do Pará, onde visitaria alguns clientes na segunda-feira para retornar na terça-feira a noite. O voo de ida era o que se chama de pinga-pinga, pois o trajeto incluía vários pousos e decolagens em Uberaba, Uberlândia, Goiânia, Brasília, Imperatriz até chegar ao escurecer em Marabá ultimo trajeto de uns 38 a 45 minutos, até chegar ao anoitecer ao destino final, Belém, porta de entrada para a Amazônia.

Por voar num domingo, este tipo de incômodo para alguns, era para você até uma fuga da monotonia dos voos diretos, cujas frequências ocorriam durante os dias úteis, o que lhe causava uma grande perda de tempo, que poderia ser melhor utilizado em contatos de negócios.

Tudo corria às mil maravilhas em céu de brigadeiro, nem turbulência havia na rota e tudo preconizava um fim de viagem muito tranquilo.

Não fosse um erro crucial cometido pelo comandante, dentro da cabine do Boeing, longe dos olhos dos passageiros e tripulantes.

O comandante deveria no seu plano de navegação, conduzir a aeronave por uma rota a 27 graus ao Norte de Marabá mas, ao contrário decolou à noite no rumo 270 graus Oeste, o que em linha reta atravessaria a cordilheira dos Andes até pousar em La Paz, Bolívia.

Você tranquilo em sua poltrona, se acomodava para relaxar neste ultimo trecho, já que sobre a selva amazônica à noite escura, não há nada de interessante para se ver.

Sem que ninguém se desse conta, a partir dali estava começando uma cadeia de enganos e desencontros de informações que o levaria e a todos os seus companheiros de viagem a uma experiência aterrorizante, que inevitavelmente resultaria na queda da aeronave num destino desconhecido no meio do nada.

Desde o aviso de que estavam perdidos sobre a selva e finalmente ao que orientava para um pouso forçado ao esgotar-se o combustível, foram horas de indescritível angustia, desespero e silêncio até o estrondo do choque sobre as árvores e o solo.

Você, a tripulação, e alguns outros passageiros sobreviveram ilesos, uns com ferimentos graves e apenas alguns poucos faleceram com o impacto da aeronave sobre as arvores.

Depois do choque, na mata e na escuridão, restava a cada sobrevivente enfrentar o desconhecido e buscar uma saída comum a todos dentro daquela crise.

Isto aconteceu de fato em 3 de setembro de 1989. Alguma ANALOGIA com as circunstâncias atuais?

Conheça o texto integral na seção EXTRA ao final deste livro.

Veja mais em https://pt.wikipedia.org/wiki/Voo_Varig_254

Aproveite para um acurado exercício de analogia entre os relatos deste desastre, resumidos aqui e minuciosamente descritos ao final do livro em EXTRAS, com as causas e as consequências do estado atual da economia do Brasil.

Um erro inicial no começo de um empreendimento qualquer, compara-se com aquele da escolha errada do rumo do voo RG 254, o que levará uma boa ideia, um negócio promissor ao imprevisível desastre com perdas severas, algumas irreparáveis, econômicas, sociais e humanas.

Notou que no corpo da reportagem houve um tempo logo em seguida ao anúncio do comandante, informando sobre o inevitável pouso forçado, quando imediatamente todos se prostraram em silêncio, a mercê do imponderável que a todos parecera ser a morte iminente?

Assim também ocorre quando os dados econômicos afloram das estatísticas e indicam o inevitável pouso forçado na selva da estagflação.

Todos então se deparam com o imponderável e se prostram indefesos a espera do pior, que inevitavelmente ocorrerá, ainda que alguns passageiros possam eventualmente sobreviver ao desastre, com alguns ferimentos, leves, graves ou perdas irre-cuperáveis.

A tragédia descrita na reportagem guarda analogias muito interessantes, quanto à responsabilidade de um gestor de uma empresa e sua missão de levar o empreendimento ao destino pretendido, com segurança.

Também merece uma profunda reflexão o comporta-mento de um grupo humano, diante de um desastre. A fuga para longe do risco de morte, assim como a posterior competição por alimentos e medicamentos, num salve-se quem puder, antes da solidariedade, depois da queda.

Trata-se do instinto de sobrevivência individual contra o bem comum que é a sobrevivência de todo o grupo.

Imaginemos que o local da queda não fosse por pura sorte, próximo de uma região de pastagens.

Que destino restaria aos sobreviventes?

Como se pode notar no texto da reportagem, já havia naquela data a referência a uma crise financeira grave, aconte-cendo no Brasil há 26 anos passados, durante o governo de José Sarney.

Este governo foi o primeiro posterior ao regime militar que havia perdurado por 21 anos, e foi resultado da ultima elei-ção indireta, que elegeu uma chapa de coalisão com Tancredo Neves como presidente e José Sarney como vice, vencendo o candidato oficial (o notório) Paulo Maluf.

Uma súbita e grave enfermidade resultou na morte do pre-sidente-eleito antes da posse, o que elevou o vice-presidente, um calejado político do estado mais atrasado do país na época, o Maranhão, a assumir o mandato.

Para avivar a memória dos mais experientes e clarear o caminho dos mais novos, para que não tropecem nas mesmas pedras dos daquela geração, transcrevo a seguir um trabalho muito interessante, sobre as circunstâncias presentes naquele período, para uma comparação e avaliação com as circunstâncias atuais, e o que nos espera para os próximos 6 a 8 anos a frente, no mínimo.

OS 20 ANOS DO PLANO REAL

No auge da hiperinflação, no início da década de 90, Ricardo José Alves, fundador da rede de fast food Griletto, era dono de um açougue. Todas as tardes, religiosamente, ele e sua equipe recolhiam todo o dinheiro do caixa e levavam ao banco antes que as agências fechassem. O objetivo era aplicar o dinheiro e garantir o rendimento do overnight. Na época, com a inflação mensal chegando a 80%, Alves, assim como a maioria dos empresários, se viu obrigado a ter aplicações financeiras para garantir o seu lucro. "Nós vendíamos os produtos a preço de custo e aplicávamos o dinheiro. O overnight era a ferramenta de trabalho. Era até mais que o cliente. Era a aplicação que fazia o resultado do negócio".

A corrida diária aos bancos deixou de ser rotina após 1994, quando a estabilidade econômica, trazida pelo Plano Real, pôs fim ao lucro via aplicações bancárias e exigiu que as empresas garantissem o resultado com a produtividade do negócio e não mais no mercado financeiro.

A adaptação não foi da noite para o dia. Os consumidores, as empresas e até os governos levaram um tempo para se acostumar e confiar na nova realidade. "Naquela época eu estava condicionado a viver do lucro financeiro. Não pensava em como ganhar dinheiro vendendo o meu produto. Hoje, a preocupação é com o cliente e com alternativas de vendas", diz Alves.

No dia que antecedeu a chegada do real, não foram poucos os casos de aumentos de preços. Segundo o Procon, entre o anoitecer do dia 30 de junho e o clarear do dia 1º de julho, a alta dos preços chegou a 68,29%. Só o pão francês registrou um aumento de 15% em São Paulo. O medo de mais um congelamento de preços fez com que os supermercados remarcassem seus preços de forma abusiva, ao ponto de o presidente Itamar Franco ameaçar os estabelecimentos com multas e até interdição.

Já os governos estaduais e municipais aproveitaram a difícil operação aritmética da conversão de preços para dar um empurrãozinho na inflação. Algumas cidades amanheceram com as tarifas de transporte público mais caras no dia em que o real passou a vigorar. Em São Paulo, o aumento foi de 14%; em Recife, de 54%; e no Rio de Janeiro ficou acima de 10%.

O consumidor precisou de um tempo para se acostumar com os centavos. Valores como R$ 1,35 ou R$ 2,75 eram totalmente novos para quem viveu anos de hiperinflação. Guias de jornais da época tiveram até que ensinar como preencher o cheque na nova moeda.

Havia entre todos os segmentos da economia e entre as pessoas, a CULTURA INFLACIONÁRIA, fruto da desconfiança de que este plano econômico poderia vir a ser outra empulhação do governo. Felizmente não foi.

Aquela situação vivida no passado, ainda não se apresenta integralmente neste momento atual, mas, a ocorrência do grau de cerca 10,48% de inflação oficial anualizada no mês de dezembro de 2015, não se pode compensar com igual ganho sobre o valor dos salários, como acontecia antes.

Naqueles duros tempos, assim como fazia o Ricardo Alves dos Restaurantes Grilleto, as pessoas assalariadas se defendiam da perda de valor do dinheiro, todo fim de mês após receberem seus pagamentos, partindo rápido para as compras, nas lojas, supermercados, restaurantes etc... aproveitando os preços daquele dia para comprar e estocar tudo o que o salário pudesse comprar naquela data.

Para se ter uma pálida ideia do surrealismo provocado por esta circunstância, em 1985, no final do ciclo de governos militares a inflação anual era de 235,13% ao ano, cinco anos depois em 1990, a taxa astronômica anual já alcançava 1.475,71%, em 1993 atingia o clímax de 2.780,6%.

Para cair na real, vamos aos preços de alguns produtos e serviços naquele período: Em janeiro de 1993 o aluguel de apartamento médio de 2 quartos custava 2.350.000 cruzeiros, em fevereiro já passara de 3.127.530 cruzeiros, para em julho tocar na casa de 14.540.000 cruzeiros. Tudo isto em apenas sete meses!

A prosaica compra de mês num supermercado qualquer, para uma família de 4 pessoas, valia 3.400.000 cruzeiros (equivalentes a R$ 440,00 de hoje).

A conta de luz que em janeiro era de 367.760 cruzeiros, sem bandeira vermelha nem nada, chegara em julho a nada menos que 1.953.422 cruzeiros.

Quando eu contava esta história de terror permanente aos meus amigos estrangeiros, quase que invariavelmente a maioria deles me perguntava:

Como vocês conseguem sobreviver nestas circunstâncias?

Mesmo sem saber nada de economia, as famílias e as pessoas se defendiam como podiam, pois sabiam que estavam trocando moeda podre, por bens de consumo vital ou duráveis, antes que a moeda perdesse ainda mais valor e deste modo, um círculo vicioso perverso funcionava realimentando e projetando a inflação passada para o mês seguinte, até o dia do recebimento do próximo salário ser corrigido pela inflação passada.

Se naqueles dias esta regra produzia um absurdo fator de realimentação inflacionária, hoje em dia felizmente ou infelizmente, aquele mecanismo não mais vigora.

Hoje, salários se corrigem conforme a oferta ou demanda do mercado de mão-de-obra, como no mundo inteiro.

Deste ponto de observação, estamos agora todos à deriva e a mercê das decisões governamentais e seus reflexos nos mercados e as consequentes perdas de poder aquisitivo da população, do crescente índice de desemprego (mais de 11 milhões em 30/04/2016) e da redução da massa salarial, inibidores dos negócios no varejo, nas indústrias e nos serviços.

Neste cenário de desastre, no qual a destruição de negócios promissores é um fato aparentemente inevitável, felizmente surgem alguns sinais de esperança e oportunidades únicas que só aparecem nestes adversos períodos.

Na circunstância de desastre aéreo na selva como este, debaixo das copas das árvores não há orientação espacial segura. Fontes de abastecimento de comida e água podem estar a milímetros dos sobreviventes, sem que ninguém as perceba por não saber o que são, onde estão, e para que sirvam, ou quais riscos apresentam à saúde ou a própria vida.

Predadores estão sempre à espreita, devidamente adaptados ao ambiente, prontos para abocanhar a próxima refeição, que pode ser você.

Assim também é nas recessões e lhes digo que existem pelo menos dois tipos principais delas, como se verá a seguir.

A Recessão De Fonte Externa (Conjuntural)

Causada por fatores fora de seu domínio, gestão política e econômica de origem governamental, inflação fora de controle, medidas restritivas decorrentes, planos de ajustes, cuja conta sempre termina sendo paga pelo setor produtivo e pelos contribuintes; todos nós.

Nosso poder sobre este fenômeno é muito próximo do zero. É como atravessar uma turbulência aérea. Resta aos passageiros confiar na perícia dos pilotos e rezar com muito fervor. Testemunhei situações nas quais empedernidos ateus, se converteram em fervorosos crentes, durante uma intensa turbulência no meio de uma travessia do Atlântico.

Passado o susto e as perdas; a quem devemos nos queixar, ao Bispo, ao Papa?

Para os empreendedores com idade menor que 40 anos, a memória dos períodos de recessão e hiperinflação vividas pelos brasileiros entre 1985 e 1994 lhes parece uma esmaecida história de assombração mal contada, como aquelas que antigamente os nossos avós se ocupavam, ao cuidar das crianças das famílias em suas noites de férias nos sítios e fazendas do interior.

Entretanto, os registros históricos, econômicos e da imprensa disponíveis, estão aí mesmo para comprovar que uma viagem pela recessão ou uma depressão, como se antevê neste momento, é muito mais aterrorizante que uma travessia aérea numa zona de turbulência fatal, como enfrentou os passageiros e tripulantes de um dos mais graves acidentes aeronáuticos do mundo: o do voo AF 447 que partiu do Rio de Janeiro para Paris e caiu no meio do atlântico entre o Brasil e a costa africana.

Uma recessão, como uma zona de turbulência, dá vários sinais que aparecem para o mercado, como nos radares meteorológicos das aeronaves e cabe ao comandante, analisar sua densidade e periculosidade para em seguida, decidir-se por atravessar ou desviar-se da tempestade em sua rota.

No caso do voo AF 447 a decisão foi a pior possível: Seguir através da tormenta, enquanto quatro outros voos que seguiam na mesma rota, com intervalos de mais ou menos 10 minutos, preferiram desviar-se ainda que arriscassem a pontualidade e o gasto adicional de combustível.

Durante a recessão, principalmente os empreendedores de pequenos e médios portes, se vêm surpreendidos em meio à tormenta, apenas confiando na perícia do comandante, sem desconfiar sequer, que a partir de um dado momento, a desorientação dele pode fazer com que até eles mesmos, se transformem em passageiros do imponderável.

Com os instrumentos falhando, cegos pela escuridão noturna, sem noção espacial, perdem o senso de orientação para voar o avião, não percebem se a aeronave está subindo ou descendo.

No caso daquele voo, os peritos forenses concluíram, que quando o avião tocou o mar pela cauda, sua proa estava alçada mais de 16 graus, inclinação maior que a usual numa decolagem, indicando que apesar de estarem perdendo altitude, os pilotos imaginavam estar empinando a aeronave para manter-se no ar.

CAPÍTULO 2

O ambiente hostil
da recessão

A ssim também se passa com as empresas e empreendedores durante uma recessão. É muito extenuante o esforço para atravessar esta etapa da vida empresarial e, lamentavelmente, como aconteceram com os voos RG 254 e AF 447, muitos bons empreendimentos, criados e conduzidos por gestores muito competentes, honestos e muito bem-intencionados, terminam sua trajetória no meio da selva ou no fundo do oceano.

Esta travessia de uma recessão conjuntural é algo que não se deve desejar nem ao seu pior inimigo. Seja pelas perdas materiais, familiares e em muitos casos da própria saúde, causados por tal experiência.

Foram muito dolorosas as experiências malsucedidas de planos econômicos pelos quais nosso país atravessou, como o Plano Cruzado no governo José Sarney em 1986, quando se aplicou o corte de três zeros, na moeda, congelamento de preços, implantação de uma tablita de expurgo inflacionário dos valores dos contratos, e a substituição da moeda CRUZEIRO pelo CRUZADO, que inicialmente zerou a inflação por cerca de 12 meses, para voltar com toda força, até alcançar mais de 80% ao MÊS, passando por ajustes dentro dos ajustes, como empréstimos compulsórios de 30% do valor da compra de automóveis, ou sobre a compra de combustíveis, jamais devolvidos pelo governo federal e ainda, por três remendos mal sucedidos; os planos Bresser, Verão e Feijão com arroz.

Saiba mais em http://veja.abril.com.br/acervodigital/home.aspx

Edição 913 de 5 de março de 1986.

Findo o mandato do presidente Sarney e, no mesmo dia da posse de Fernando Collor (atual senador por Alagoas) foi instaurado mais um plano econômico, desta vez com seu sobrenome, e com nova moeda (de nome antigo): CRUZEIRO.

Este plano, dentre várias providências brutais já aplicadas nos anteriores, inovou ao confiscar todos os saldos bancários de pessoas físicas e jurídicas, e até da poupança popular, deixando a todos brasileiros, pessoas físicas e jurídicas com apenas Cr$ 50,00 em suas contas bancárias. A promessa foi que ao fim de 18 meses, os valores confiscados seriam devolvidos sem correção monetária, da eventual inflação que viesse a ocorrer no período.

O caos total que se seguiu aos anúncios, quebrou muitos pequenos e médios negócios que estavam capitalizados naquele momento. Soube-se até que causou alguns suicídios País afora.

Nesta época, eu era sócio de uma indústria de confecções, sobrevivente de todos aqueles caóticos planos econômicos desde o Cruzado, quando na data da posse presidencial, lá estava eu, dentro de uma agência de um banco privado, assistindo perplexo pela TV, toda a pajelança desfiada pela Ministra Zélia Cardoso de Mello e pelo Presidente Fernando Collor de Mello, que posteriormente sofreria impeachment e cassação por corrupção enquanto presidente da república, hoje senador por Alagoas e investigado por crime de corrupção na Petrobrás.

Após testemunhar aquelas medidas, me dirigi a fabrica a tomar diversas providências emergenciais, trabalhando sem parar até as 2h00 da manhã seguinte, e até sofrer e superar um doloroso ataque de angina. Dentre muitas outras providências de defesa imediata, procurei utilizar-me de um indexador que nos pudesse dar uma melhor ideia, de como o valor dos recursos confiscados retornariam, passados os 18 meses do período previsto para o fim do confisco e devolução do dinheiro confiscado.

Vislumbrando, uma vez mais otimista, um período futuro sem inflação e considerando que "o que não tem solução, solucionado está" considerei que aquele confisco poderia representar uma espécie de reserva financeira compulsória, que serviria para fortalecer posteriormente o capital da empresa.

Adotei então como indexador, o valor de mercado do recém-adquirido automóvel de propriedade da empresa: um MONZA top de linha da Chevrolet, que naquela época da paridade Dólar/Cruzeiro valia o equivalente a US$ 30.000,00.

Naquele mesmo dia, em apenas um dos bancos, no qual operávamos uma carteira de cobrança simples de títulos a receber, o saldo era equivalente ao valor de 20 MONZAS.

Para encurtar conversa, ao fim dos 180 dias do confisco, o saldo retido naquele mesmo Banco valia o equivalente a 20 bicicletas Caloi. A inflação recorrente durante o período havia tragado a diferença, numa violenta transferência de riqueza do setor produtivo privado para os cofres do improdutivo Estado leviatã e seus grupos de interesses.

A inflação estava galopante de novo, com todos os malefícios já conhecidos.

Saiba mais em http://veja.abril.com.br/acervodigital/home.aspx

Edição 1122 de 21 de março de 1990.

Até que em 1 de julho de 1994 se lançou o plano real, com uma nova moeda, denominada Real, que ainda vigora neste ano de 2016 por quase 22 anos, com estabilidade monetária comprovada mas, agora ameaçada, por diversos erros de percurso. Aquele que fora um valoroso modelo econômico, ancorado na estabilidade monetária e na Lei de Responsabilidade Fiscal, vem sofrendo há muito, um processo de gestão complacente contra os pilares básicos do modelo, de modo que no momento presente, o que antevemos é exatamente o que um importante investidor e gestor de investimentos brasileiro, aborda em seguida:

Data: 05/06/2015

Às 1:16 | Economia, Gestores

"Segurem suas carteiras. Vem aí uma brutal alta de impostos."

Luis Stuhlberger

Em uma entrevista às Páginas Amarelas de VEJA da sexta-feira, 05/06/2015, Luis Stuhlberger, o gestor de investimentos mais respeitado do Brasil, tem más notícias para quem acredita que as coisas vão melhorar em breve, só por causa de Joaquim Levy (que nem é mais Ministro da Fazenda desde Dezembro de 2015).

"O que vai acontecer é o que ocorre no Brasil desde a Constituição de 1988: aumentos de impostos", diz o gestor do fundo Verde. "Posso garantir que haverá alta não só neste ano, mas também no próximo, no próximo e no próximo."

A entrevista é uma aula de economia que lembra o Inferno de Dante, pois exige que o leitor "deixe aqui toda a sua esperança, ó vós que entrais".

Com o ajuste fiscal este ano, será que o PIB volta a crescer em 2016? Esqueça.

"Desde o semestre passado, entramos com força num período de baixo crescimento, que não chegará ao fim em 2016, nem em 2017 e talvez nem mesmo em 2018", diz Stuhlberger.

O diagnóstico de Stuhlberger tem um peso particular porque ele critica a vulnerabilidade do modelo econômico brasileiro há pelo menos cinco anos, e é conhecido por monitorar os humores da economia real junto a empresários e grandes executivos – muitos dos quais, investidores em seu fundo.

"Os deputados e senadores sabem que a situação é crítica, mas não querem arcar com o desgaste do corte", diz. "O Congresso e o Executivo estão em estado de negação. Se tudo o mais falhar, eles acham que se podem aumentar mais ainda os impostos".

Stuhlberger diz que o País não vai quebrar 'como no passado', mas que vai viver num 'equilíbrio vicioso'.

"O cenário virtuoso seria o aumento da produtividade, com reformas e inflação baixa. Mas como não existe nem debate, nem liderança, nem espírito patriótico para fazer esse tipo de reforma, só resta fazer remendos. Enquanto isso a economia vai sendo sucateada, como um transatlântico, afundando lentamente".

A entrevista também traz uma 'dica de investimento' de Stuhlberger: ele não compraria ações da Petrobras.

"Um dos meus princípios é fugir de estatais. Por uma questão básica: elas não visam ao lucro. Por que vou investir em uma empresa cujo objetivo é servir o Estado?"

Depois desta entrevista todos os indicadores pioraram consideravelmente, levando o Brasil e muitas de suas maiores empresas a perderem o grau de investimento (bons pagadores) nas principais agências de rating do mundo.

Como se não bastasse, a tempestade perfeita se completou com uma crise política na qual se emaranharam os três poderes do Estado Brasileiro: Executivo, Legislativo e Judiciário.

Outro grave alerta partiu do jornalista Rodrigo Constantino em 16/08/2015:

O Índice De Miséria

O economista americano Arthur Okun (1928-1980) é considerado o criador do "índice de miséria", um indicador que resulta da soma da taxa de inflação com a taxa de desemprego. Okun sabia que tanto a inflação, o pior "imposto" para os pobres, quanto o desemprego são doenças econômicas graves, porque ambos têm efeito devastador sobre o bem-estar da população. Os mais pobres sofrem mais, são os mais afetados por essa perversa conjunção de fatores econômicos.

Pois bem: o Brasil já vive uma severa estagflação, e os economistas escutados pelo Boletim Focus do Banco Central já esperam recessão superior a 2% (foi de 4,3%) neste ano, e pela primeira vez um quadro recessivo também em 2016. No fundo, tais previsões parecem ainda otimistas demais, e a queda da atividade em 2016 deverá ser maior.

Com esse quadro de recessão, claro que a taxa de desemprego irá sofrer mais. E como a inflação é um fenômeno monetário, ela não necessariamente alivia quando o PIB despenca. Os keynesianos até hoje não compreendem esse fenômeno, e por isso sempre acham que a inflação vai ceder por conta da menor atividade econômica. Não necessariamente, como os Estados Unidos viram na década de 1970 e o Brasil vê hoje, uma vez mais.

Dessa forma, temos o pior quadro possível para a economia, especialmente para os mais pobres: taxa de desemprego em alta e taxa de inflação extremamente resili ente. Isso não é "economês", e sim uma realidade trágica para milhões de famílias, que sentem a insegurança do desemprego batendo à porta e a mordida do dragão inflacionário no bolso toda vez que faz compras.

O patamar do índice de miséria não tem precedentes nos últimos anos, e mesmo em 2008, no auge da crise internacional, ele não chegou ao mesmo nível assustador. O grande vilão, até agora, é a inflação, em quase 10% ao ano (oficialmente em 31/12/2015 = 10,65%).

Mas a taxa de desemprego já aponta para cima, e poderá ultrapassar os 10% em breve também. Em S. Paulo já alcançou 13,7% em 25/8/2015.

Se isso ocorrer, teremos um índice de miséria de incríveis 20%, que colocará o Brasil numa situação terrível em relação ao resto do mundo.

Sinto lhes advertir, que o quadro atual, agravado pelos equívocos do passado recente e do estilo ideológico de governar, tende a produzir um quadro ainda mais caótico à economia, como se pode deduzir do brilhante trabalho de Felipe Miranda (coautor de O FIM DO BRASIL) da EMPIRICUS, publicado em 15 de fevereiro de 2016 em:

http://sl.empiricus.com.br/pe34-calote-video/? key=9cc9ad86-1f52-4364-a06c-39c16595bd07&utm_source=empiricus&utm_mediu m=email&utm_campaign=empiricus-promo-PE-geral-PE-PE34-160216-PPE17

O que fazer então, diante de um quadro tão desastroso que nos espera para os anos vindouros?

1. Do mesmo modo que ao enfrentar uma doença grave: reconhecer sua existência.

2. Buscar ajuda para o tratamento adequado.

3. Eleger prioridades.

4. Atacar o inimigo com todo o arsenal disponível (ver

Matriz de Eisenhover no Capítulo 13).

A Recessão De Fonte Interna (Estrutural)

Este tipo é causado por fatores sob seu domínio, mas, mal conduzidos por desconhecimento, baixa percepção do ambiente econômico e social, obsolescência do modelo de negócio, insolvência ou auto sabotagem.

Em ambos os casos, CONJUNTURAL ou ESTRUTURAL você, sua família e sua empresa são as vítimas. Ou das circunstâncias ou de você mesmo.

Mas, há um fator sob seu domínio que pode lhe salvar desta sinuca-de-bico.

Cabe a você o poder e a responsabilidade de MUDAR A CIRCUNSTÂNCIA! Quando o vento muda, muda-se a vela.

Olhe para dentro de suas crenças e para as limitações que tais crenças lhe impõem, contra sua eficácia ao enfrentar desafios.

Porém, qualquer mudança de circunstância, no campo do empreendedorismo, como em qualquer outro, requer a necessidade premente de um processo de reinvenção pessoal, para que poderosos limitadores possam ser identificados e eliminados. Sem esta ação prioritária, não se consegue enfrentar e vencer os novos desafios. Não se conseguem resultados diferentes, agindo do modo como sempre se agiu.

Para ajudar neste processo, selecionei uma interessante parte de um excelente livro, que muito me ajudou em minha trajetória profissional e que poderá ser útil também a você. Trata-se de parte da obra de Stephen R. Covey: Os sete hábitos das pessoas muito eficazes.

Saiba mais em https://pt.wikipedia.org/wiki/Os_Sete_Habitos_das-pessoas_Altamente_Eficazes

Atente para esta impressionante abordagem do autor:

"Precisamos ter consciência de nossa missão e se concentrarmos energia no cumprimento dela, podemos realizar muitas mudanças. Não temos necessidade de prejulgamentos ou preconceitos. Não precisamos esclarecer mais nada na vida, nem estereotipar e classificar tudo e todos para nos encaixarmos na realidade. Nosso ambiente pessoal também está se modificando em ritmo crescente. Estas mudanças rápidas desconcertam muitas pessoas, que sentem não poder lidar com eles, nem com a vida em geral. Estas pessoas se tornam reativas, e acabam desistindo, torcendo para que as coisas que aconteçam a elas sejam boas. Mas a vida não precisa ser assim. Nos campos de extermínio nazistas, durante a II guerra mundial, onde Victor Frankl aprendeu o princípio da proatividade, ele também aprendeu a importância do propósito, do significado na vida. A essência da "logoterapia", a filosofia que ele desenvolveu e mais tarde ensinou, é que muitas das chamadas doenças mentais e emocionais são na realidade sintomas de uma sensação subjacente de vazio ou falta de significado.

A logoterapia elimina este vazio, ajudando o indivíduo a detectar seu significado único, sua missão no mundo. Quando a pessoa adquire este senso de missão, conquista a essência de sua própria proatividade. Passa a comandar a visão e os valores que dirigem sua vida. Passa a ter o ponto de partida básico, a partir do qual estabelece as metas de curto e longo prazo. "Tem a força de uma constituição baseada em princípios corretos, para servir eficazmente de padrão de comparação, com as decisões referentes ao uso mais eficaz do tempo, dos talentos e das energias."

No centro

Para escrever uma declaração de missão pessoal, precisamos começar pelo centro do Círculo de Influência, o centro no qual residem nossos paradigmas mais básicos, as lentes que usamos para observar o mundo.

É aqui que lidamos com nossa visão e nossos valores. É aqui que usamos nossos dons de autoconsciência para examinar os mapas (representação simplificada de um território) e, ao adotarmos os princípios corretos, garantir que estes mapas descrevam acertadamente o território (ambiente físico) e também, que nossos paradigmas estejam baseados em princípios e realidades. Aqui utilizamos o dom da consciência como bússola para nos ajudar a detectar nossos próprios talentos especiais e áreas onde podemos dar nossa contribuição. Aqui utilizamos o dom da imaginação para criar mentalmente o objetivo desejado, (lembrança do futuro) dando sentido e propósito a nossas tentativas iniciais, fornecendo a substância para uma constituição pessoal escrita. Também é aqui que nossos esforços concentrados conquistam os melhores resultados.

Conforme trabalhamos no centro de nosso Círculo de Influência, nós o expandimos. Trata-se de um trabalho do mais alto nível, capaz de provocar um impacto significativo no grau de eficácia de todos os setores de nossas vidas. O que estiver no centro de nossa vida será a fonte de nossa segurança, orientação, sabedoria e poder.

A Segurança representa o senso de valor, a identidade, a estabilidade emocional, o amor próprio, a força pessoal básica ou a falta dela.

A Orientação representa a fonte do rumo na vida. Incluída em seu mapa, o quadro interno de referências interpreta para você o que acontece no mundo. São padrões, princípios ou critérios implícitos que governam a tomada cotidiana de decisões e atitudes.

A Sabedoria é sua perspectiva de vida, o senso de equilíbrio, a compreensão de como várias partes e princípios se aplicam e relacionam com outros. Ela envolve o julgamento, o discernimento, a compreensão. É uma Gestalt, ou integridade, um todo integrado.

O Poder é a faculdade ou capacidade para agir, a força e a

potência para conquistar algo. É a energia vital para se fazer escolhas e tomar decisões. Ele também inclui a capacidade para
superar e eliminar hábitos profundamente arraigados e cultivar
outros mais nobres, mais eficazes.

Segurança, Orientação, Sabedoria, Poder

Estes quatro fatores – segurança, orientação, sabedoria e poder –são interdependentes.

A segurança mais uma orientação clara geram a verdadeira sabedoria, e a sabedoria é a faísca ou catalisador que liberta e dirige o poder. Quando estes quatro fatores estão presentes em conjunto, harmonizados e alimentados uns pelos outros, criam a força imensa de uma personalidade nobre, de um caráter equilibrado, de um indivíduo maravilhosamente íntegro. Estes fatores de apoio na vida também servem de suporte para qualquer outra esfera da vida. E nenhum deles é uma questão de tudo ou nada. O grau de desenvolvimento atingido em cada um pode ser registrado como uma espécie de progressão, bem similar à progressão em direção à maturidade.

Em uma das extremidades, os fatores carecem de força. Você depende basicamente das circunstâncias, ou das outras pessoas, de coisas sobre as quais não exerce controle direto. Na outra ponta você exerce o controle. Possui sua própria força, e os alicerces para relacionamentos ricos, interdependentes.

Sua segurança encontra-se em algum ponto da progressão, entre a extrema insegurança, por um lado, na qual sua vida é um joguete das forças volúveis que agem sobre ela, e no outro, um senso profundo de alto valor interno e segurança pessoal.

Sua orientação percorre uma escala que vai da dependência do espelho social, ou de outras fontes flutuantes, até chegar a uma noção clara de rumo.

Sua sabedoria se situa em algum lugar entre um mapa totalmente impreciso, onde tudo está distorcido e nada parece se encaixar, e um mapa completo e preciso, no qual todas as partes e princípios se relacionam apropriadamente entre si.

Seu poder encontra-se em algum ponto entre a imobilização, ou a condição de marionete nas mãos de alguém, e a alta pro atividade, o poder de agir conforme seus próprios valores, em vez de depender das pessoas e circunstâncias que o controlam. A posição destes fatores na progressão, o grau resultante de integração, harmonia e equilíbrio, e seu impacto positivo em todos os aspectos da vida é uma consequência de seu centro, dos paradigmas básicos do seu âmago.

Centros alternativos

Cada um de nós tem seu centro, apesar de costumeiramente não os reconhecermos como tais. Tampouco aceitamos os efeitos abrangentes deste centro em todos os aspectos da vida. Vamos nos deter por um momento nos diversos centros dos paradigmas básicos que as pessoas normalmente possuem, para conseguir uma compreensão melhor do modo como eles afetam estas quatro instâncias fundamentais: Segurança, Orientação, Sabedoria, Poder e, em última análise, o conjunto da vida que flui a partir delas.

Centro no cônjuge

O casamento pode ser a mais íntima, satisfatória, duradoura e estável das relações humanas. Pode parecer natural ou apropriado centrar a vida em um marido ou esposa. Mas a experiência e observação nos contam uma história diferente. Com o passar dos anos, eu estive envolvido em terapias com muitos casamentos problemáticos, e observei um fio invisível, percorrendo quase todos os relacionamentos centrados no cônjuge que encontrei. Este fio é a dependência emocional extrema. Se nosso senso de valor emocional deriva primeiramente do casamento, existe um alto grau de dependência deste relacionamento. Nós nos tornamos vulneráveis aos humores e sentimentos, ao comportamento e ao tratamento dispensado pelo cônjuge, ou a qualquer outro evento externo que possa ameaçar o relacionamento - o nascimento de um filho, os sogros, as dificuldades econômicas, os sucessos sociais e assim por diante. Quando a responsabilidade cresce, e a tensão aumenta em um casamento, tentamos retornar aos papéis que nos deram quando crescíamos. Mas o outro cônjuge faz o mesmo. E os papéis são normalmente incompatíveis. Modos diferentes de lidar com o dinheiro, a educação das crianças, ou com os pais de cada um. Quando estas tendências profundamente arraigadas se combinam com a dependência emocional no casamento, o relacionamento centrado no cônjuge revela toda sua vulnerabilidade. Quando dependemos da pessoa com quem entramos em conflito, tanto a necessidade quanto o conflito se exacerbam. Reações exageradas, de amor ou ódio, tendência para a briga ou o afastamento, distanciamento, agressividade, amargura, ressentimento e competição calculistas são alguns dos resultados frequentes. Quando eles acontecem, mostramos uma tendência para o entrincheiramento ainda maior nas tendências e hábitos tradicionais, em um esforço para justificar e defender nosso comportamento, e atacamos as tendências de nosso cônjuge. Inevitavelmente, sempre que estamos vulneráveis demais sentimos a necessidade de proteção contra novos ataques. Assim, recorremos ao sarcasmo, ao humor mordaz, às críticas - qualquer coisa que evite a exposição de ternura interior. Cada um dos parceiros espera no outro a iniciativa do amor, apenas para colher o desapontamento e a confirmação da veracidade das acusações feitas. Existe apenas uma segurança ilusória nestes relacionamentos, quando tudo parece correr bem. A orientação se baseia nas emoções do momento. A sabedoria e o poder se perdem em interações negativas mutuamente dependentes.

Centro na família

Outro centro comum é a família. Isso, também, pode parecer natural e apropriado. Como área de concentração de energia e grandes investimentos emocionais ela fornece grandes oportunidades para relacionamentos profundos, amor, companheirismo, coisas que tornam a vida mais gratificante. Mas como centro, ironicamente, ela destrói os elementos fundamentais para o sucesso familiar. As pessoas que se centram na família obtêm seu senso de segurança ou o amor-próprio da tradição, cultura ou reputação familiar. Sendo assim, tornam-se sensíveis a qualquer mudança nesta tradição cultura, ou a influências que possam afetar a reputação.

Pais centrados na família não possuem liberdade de sentir, nem poder suficiente para educar os filhos com o bem-estar destes verdadeiramente em primeiro lugar. Se eles dependem da família para sua segurança emocional, sua necessidade de ganhar popularidade com os filhos pode ser maior do que a importância de um investimento em longo prazo no amadurecimento e crescimento dos filhos. Ou eles podem se concentrar nos comportamentos corretos e adequados do momento.

Qualquer comportamento considerado impróprio ameaça sua segurança. Eles ficam irritados, guiam-se pelas emoções do momento, reagem imediatamente às preocupações em vez de pensarem no amadurecimento e crescimento das crianças. Chegam a gritar e berrar: Exageram nas reações, e castigam quando ficam de mau humor. Mostram a tendência de amar impondo condições aos filhos, fazendo com que se tornem emocionalmente dependentes ou refratários e rebeldes.

Centro no dinheiro

Mais um centro lógico e muito comum na vida das pessoas: ganhar dinheiro. A segurança econômica é a base para a existência de oportunidades de se agir em outras esferas da vida. Em uma hierarquia ou escala de necessidades, a sobrevivência física e a segurança econômica estão em primeiro lugar. As outras coisas importantes nem sequer são despertadas até que esta necessidade básica seja satisfeita, mesmo minimamente. A maioria das pessoas enfrenta problemas econômicos. Muitas forças culturais mais amplas podem e agem sobre nossa situação econômica, causando ou ameaçando causar tais estragos que com frequência ficamos preocupados, mesmo que isso não apareça a nível consciente. Por vezes existem razões aparentemente nobres para se ganhar dinheiro, como o desejo de se cuidar da família. E estas coisas têm importância. Mas o foco no dinheiro enquanto centro provoca o efeito oposto do desejado. Pense novamente nos quatro fatores que sustentam a vida – segurança, orientação, sabedoria e poder. Suponha que eu dependa para me sentir seguro, de meu emprego, renda ou riqueza. Como muitos fatores afetam esta base econômica, eu vivo ansioso e inquieto, cauteloso e defensivo contra qualquer coisa que possa afetar meus bens. Quando meu senso de valor deriva das minhas rendas, eu me torno vulnerável a tudo que possa afetar esta renda. Mas o trabalho e o dinheiro, por si, não fornecem sabedoria nem orientação, apenas um pouco de poder e segurança. Basta, para mostrar as limitações do dinheiro enquanto centro que haja uma crise em minha vida, ou na vida de uma pessoa amada.

As pessoas centradas no dinheiro normalmente deixam de lado a família e outras prioridades, presumindo que todos compreenderão que as exigências econômicas encontram-se em primeiro lugar. Conheço um pai que estava saindo com os filhos para o circo quando ligaram chamando-o para trabalhar. Ele se recusou. Quando sua esposa sugeriu que talvez ele devesse ter ido trabalhar, o marido respondeu; "Haverá mais trabalho depois. E a infância é uma vez só". Pelo resto de suas vidas as crianças se recordaram deste pequeno ato de prioridade, não como uma lição objetiva em suas mentes, mas como uma demonstração de amor que ficou registrada em seus corações.

Centro no trabalho

U ma pessoa centrada no trabalho pode ficar viciada na sua atividade profissional, mergulhando na produção, com sacrifício da saúde, relacionamento com os outros e demais áreas importantes da vida. Sua identidade fundamental deriva do trabalho: "Sou ator", "Sou escritor", "Sou médico", dizem.

Considerando-se que seu senso de valor está vinculado ao trabalho, a segurança é vulnerável a qualquer coisa que ao acontecer o impeça de continuar. Sua orientação é resultado das exigências do trabalho. A sabedoria e o poder limitam-se às áreas ligadas ao trabalho, tornando-o ineficiente em outros setores da vida.

Centro nos bens

A força motriz de muita gente encontra-se nos bens - não somente bens materiais, tangíveis, como roupas da moda, casas, carros, barcos e joias, mas também os intangíveis, como fama, glória ou projeção social. A maioria de nós sabe, por experiência própria, o quanto este centro é especialmente frágil, simplesmente porque pode desaparecer rapidamente, influenciado por questões diversas. Se meu senso de segurança se apoia na minha reputação, ou nas coisas que possuo, viverei em um estado permanente de temor e preocupação de que estes bens possam ser roubados, perdidos ou perder o valor. Se me encontro na presença de alguém com renda, fama ou status mais elevado, eu me sinto inferiorizado. Na presença de alguém com menos renda, status ou fama, sinto superioridade.

Meu senso de valor flutua constantemente. Não tenho constância, tranquilidade ou personalidade marcante. Tento permanentemente proteger e garantir meus bens, propriedades, investimentos, posição ou reputação. Todos nós já ouvimos histórias de gente que comete suicídio depois de perder suas fortunas, em uma queda brusca da bolsa, ou a fama, ou numa derrota política.

Centro no prazer

Outro centro comum, aliado próximo dos bens, é o do prazer ou divertimento. Vivemos em um mundo onde a satisfação imediata está disponível e é estimulada. A televisão, o cinema e as redes sociais, influenciam cada vez mais o aumento das expectativas nas pessoas. Eles mostram na tela o que as outras pessoas têm e o que fazem, em uma vida fácil e "agradável". Mas, apesar do brilho dos modos de vida, centrados no prazer ser levado à tela, os resultados naturais destes estilos - o impacto no íntimo da pessoa, na produtividade e nos relacionamentos – raramente aparecem em detalhe. Prazeres inocentes, com moderação, podem fornecer o relaxamento para o corpo e a mente, além de unir a família e os amigos. Mas o prazer, em si, é incapaz de oferecer uma satisfação completa, duradoura, ou a realização.

A pessoa centrada no prazer, logo entediada com mais um degrau na escada do "divertimento", exige ser cada vez mais insaciável. Desta forma, o prazer seguinte precisa ser mais intenso e melhor, mais excitante, com um "pique" maior. Uma pessoa neste estado torna-se extremamente narcisista, avaliando a vida em função dos prazeres que esta oferece para si, aqui e agora. Férias demais, que não acabam nunca, filmes em excesso, tevê o dia inteiro, exagero na hora de jogar videogames, abuso indisciplinado dos momentos de lazer, nos quais a pessoa adota a lei do mínimo esforço, desperdiçam pouco a pouco uma vida. Fazem com que o potencial de alguém permaneça adormecido, que os talentos continuem sem ser desenvolvidos, que a mente e o espírito tornem-se letárgicos, e o coração angustiado. Onde estão a segurança, a orientação, a sabedoria e o poder?

No limite, no prazer de um momento fugaz. Malcolm Muggeridge escreve, em A Twentieth-Century Testimony (Um Testemunho do Século Vinte): Hoje em dia, quando olho para trás e analiso minha vida, o que às vezes faço, o que mais me intriga é que as coisas aparentemente mais sedutoras e importantes agora parecem mais fúteis e absurdas. Por exemplo, o sucesso, nos seus mais variados disfarces; ser conhecido e elogiado; prazeres ostensivos, como ganhar dinheiro e conquistar mulheres bonitas, viajar, ir de um lado para outro do mundo e para cima e para baixo como Satã, explicando e experimentando tudo que a Feira das Vaidades tem a oferecer.

Em retrospecto, todos estes exercícios de autossatisfação parecem puras fantasias, o que Pascal chamava de "lamber a terra".

Centro nos amigos/inimigos

As pessoas jovens são em particular, mas não exclusivamente, mais suscetíveis de se centrarem na amizade. A aceitação e a sensação de pertencer a um grupo distinto torna-se importante, quase supremo.

O espelho social, distorcido e instável, transforma-se na fonte dos quatro fatores que sustentam a vida, criando um alto grau de dependência dos humores, sentimentos, atitudes e comportamentos inconstantes dos outros.

O centro nos amigos também pode se concentrar exclusivamente em uma pessoa, assumindo algumas das características do casamento. A dependência emocional de um indivíduo, a espiral crescente da necessidade causa conflito, e as interações negativas resultantes geralmente surgem quando o centro recai em uma amizade. E quanto a colocar um inimigo no centro da vida? A maioria das pessoas sequer pensaria nisso, e provavelmente ninguém faria isso de caso pensado. Não obstante, o centro na inimizade é bem comum, em particular quando não há alteração frequente entre as pessoas que estão em conflito real. Quando alguém acha que foi tratado com injustiça por uma pessoa, social ou emocionalmente representativa, fica muito fácil se preocupar com a injustiça, e fazer da outra pessoa o centro de sua vida. Em vez de cuidar proativamente de sua vida, a pessoa centrada no inimigo reage impulsivamente aos comportamentos e atitudes de quem considera inimigo. Um amigo meu, professor universitário, ficou profundamente incomodado com as deficiências de um determinado administrador, com quem teve um relacionamento negativo. Ele se permitiu pensar no sujeito constantemente, até que isso acabou por se tornar uma obsessão. Esta questão o preocupou tanto que afetou a qualidade de seus relacionamentos com a família, a igreja e os colegas de trabalho. Ele finalmente chegou à conclusão de que deveria sair da universidade, e aceitar um cargo de professor em outro local. – Mas você não preferiria continuar a dar aulas na universidade, se o tal sujeito não estivesse lá? – perguntei. – Sim, preferiria – ele respondeu. – Mas como ele continua lá, sua presença é por demais nociva a todos os aspectos da minha vida. Terei de sair. – Por que você colocou este administrador no centro da sua vida? – perguntei.

Ele ficou chocado com a questão. Negou o fato. Mas eu mostrei que ele estava permitindo que um indivíduo e suas fraquezas deturpassem completamente o mapa da vida, minando a fé e o nível do relacionamento com quem era importante para ele. Meu amigo finalmente admitiu que este indivíduo causava um impacto enorme sobre si, mas negou que tivesse feito esta escolha. Atribuiu a responsabilidade pela situação lamentável ao administrador. Ele mesmo, disse, não era responsável. Conforme conversávamos, ele começou a se dar conta de que era, na verdade, o responsável real, mas que se tornara irresponsável ao não assumir a responsabilidade adequadamente. Muitas pessoas divorciadas se encaixam no mesmo modelo. Continuam sendo consumidas pela raiva, amargura e justificativas em relação ao ex-cônjuge. Em um sentido negativo, psicologicamente, elas continuam casadas – cada um depende das fraquezas do antigo parceiro para justificar suas acusações. Muitos filhos "mais velhos" passam a vida odiando os pais, aberta ou disfarçadamente. Eles os culpam pelos abusos, negligência ou favoritismo no passado, e centram sua vida adulta no ódio, vivendo o papel reativo e o ressentimento que o acompanha. O indivíduo que vive centrado nos amigos ou inimigos não possui segurança interna. O senso de valor é volátil, resultado do estado emocional ou do comportamento de outros. A orientação vem da percepção de como os outros vão reagir, e a sabedoria é limitada pela conveniência social, ou por uma paranoia centrada no inimigo. O indivíduo não tem poder. As outras pessoas são as que dão as cartas.

Centro na igreja

Acredito que pessoas seriamente envolvidas com qualquer crença, admitirão que ir à igreja não é sinônimo de espiritualidade interior. Existem pessoas que se ocupam tanto com rezas e projetos da igreja que ficam insensíveis para as necessidades humanas prementes que as rodeiam, contradizendo os próprios preceitos em que dizem acreditar tão profundamente. Existem outros que comparecem à igreja com menos frequência, ou nem aparecem, cujas atitudes refletem um centro mais genuíno, apoiado na ética judaico-cristã básica. Tendo participado a vida inteira das atividades organizadas por minha igreja e de grupos de auxílio comunitário, concluí que frequentar a igreja não equivale necessariamente a viver os princípios ensinados nas reuniões. A pessoa pode ser ativa na igreja, mas passiva quanto ao evangelho. Na vida centrada na igreja a imagem ou aparência pode se tornar a preocupação dominante para a pessoa, conduzindo a uma hipocrisia que mina a segurança pessoal e o valor intrínseco. A orientação vem da consciência social, e a pessoa centrada na igreja tende a rotular artificialmente os outros, com termos como "ativo", "inativo", "liberal", "ortodoxo" ou "conservador". Uma vez que a Igreja é uma instituição composta por políticas, programas, práticas e pessoas, ela não pôde, por si, dar a uma pessoa uma segurança profunda, permanente, ou senso de valor intrínseco. Viver os princípios pregados pela Igreja pode fazer isso, mas a instituição apenas não. Tampouco pode a Igreja dar a uma pessoa um senso constante de orientação. As pessoas centradas na igreja habitualmente tendem a viver em compartimentos, agindo, pensando e sentindo de determinado modo no Sabbath e de outro nos dias comuns. Esta falta de integridade, unidade ou conjunto é uma ameaça suplementar à segurança, criando a necessidade de novos estereótipos e justificativas. Ver a Igreja como um fim, em vez de considerá-la um meio para se atingir um fim prejudica a sabedoria e o senso de equilíbrio da pessoa. Apesar de a Igreja dizer que ensina às pessoas qual é a fonte do poder, nem a própria Igreja afirma que ela é o próprio poder. Ela se considera um veículo através do qual o poder divino pode ser canalizado para a natureza humana.

Centro no eu

Talvez o centro mais comum nos dias de hoje seja o eu. Sua forma mais óbvia é o egoísmo, que viola os valores da maioria das pessoas. Mas, se nos detivermos atentamente na maioria das abordagens do amadurecimento e satisfação pessoal, encontraremos, muitas vezes, o eu em seu centro. Existe pouca segurança, orientação, sabedoria ou poder no centro limitado fornecido pelo eu. Assim como o mar Morto, na Palestina, ele aceita, mas nunca dá. Está estagnado.

Por outro lado, ficar atento ao amadurecimento da personalidade, dentro de uma perspectiva mais ampla, de aumentar a capacidade do eu para servir, produzir e contribuir de forma significativa cria as condições para um aumento dramático nos quatro fatores que sustentam a vida. Estes são alguns dos centros mais comuns a partir dos quais as pessoas abordam a vida. Muitas vezes é mais fácil reconhecer o centro da vida de outra pessoa do que o centro da sua vida. Você conhece provavelmente alguém que coloca o dinheiro acima de tudo. Provavelmente conhece alguém cuja energia está voltada para justificar a posição assumida em um relacionamento negativo. Se olhar bem, conseguirá, por vezes, ver além do comportamento, atingindo o centro que o cria.

Identificando o seu centro

Mas onde você se encaixa? Qual é o centro de sua própria vida? Muitas vezes não é fácil descobrir isso. Talvez a melhor forma de identificar seu próprio centro seja olhar detidamente os fatores de sustentação de sua vida. Se você se identificar com uma ou mais das descrições contidas nas páginas seguintes, pode segui-las até chegar ao centro a partir do qual elas fluem, um centro que pode estar limitando sua eficácia pessoal.

Muito comumente o centro de uma pessoa é uma combinação destes e/ou outros centros. Grande parte dos indivíduos é resultado de influências variadas que regem suas vidas. Dependendo das condições externas ou internas, um centro específico pode ser ativado, até que as necessidades existentes sejam satisfeitas. Então outro centro torna-se a força que impulsiona. Conforme a pessoa oscila de um centro para outro, o resultado relativo é uma volta de montanha-russa pela vida. Em um momento a pessoa está por cima, no outro por baixo, esforçando-se para compensar as fraquezas e buscando força em outras fraquezas. Não há uma orientação consistente, nenhuma sabedoria duradoura, nem valor intrínseco ou identidade. O ideal, claro, é criar um centro límpido, a partir do qual se possa desenvolver consistentemente um alto grau de segurança, orientação, sabedoria e poder, possibilitando a pro atividade e dando coerência e harmonia a todos os setores da vida.

Centros de segurança, orientação, sabedoria e poder

Se o centro está em seu cônjuge: Seu sentimento de segurança se baseia na relação. Você é altamente vulnerável aos humores e sentimentos e pelas fraquezas de seu cônjuge. Seu critério para tomar decisões é limitado pelo que acredita ser o melhor para o casamento ou para o outro, ou pelas preferências suas e dele (dela). O poder de agir é limitado e está baseado na forma como seu cônjuge o trata. Há um profundo desapontamento, que leva ao afastamento ou conflito quando opiniões deste seu cônjuge discordam de você ou não corresponde às suas expectativas. Tudo que pode interferir no relacionamento é tido como ameaça. Se o centro está em sua Família. Sua segurança se baseia na aceitação familiar e em corresponder às expectativas. Seu senso de valor se baseia no que é bom para a família, na reputação da família, ou no que os membros da família desejam. Suas ações são limitadas pelos comportamentos.

Se o centro está em seu Dinheiro, seu valor pessoal é determinado por sua renda. A lucratividade é seu critério para a tomada de decisões. Ganhar dinheiro é a lente que você usa para ver e entender a vida, e isso lhe dá falha de segurança econômica. Você está restrito ao que pode conseguir com seu dinheiro e visão limitada. Você é vulnerável a qualquer coisa que ameace sua uma capacidade de julgamento. Se você é centrado no Trabalho. Você costuma se definir a partir de seu papel ocupacional. Você toma suas decisões baseado nas necessidades e expectativas do trabalho.

Você tem tendência a se limitar a seu papel profissional. Suas ações são limitadas pelos modelos de suas atividades ocupacionais, restrições institucionais, opiniões de seu chefe e possivelmente por sua incapacidade, de realizar uma tarefa específica. Só se sente bem quando está trabalhando. Acha que trabalho é a sua vida. Se você é centrado em Seus bens Sua segurança se baseia na reputação, status social e no que irá aumentar proteger, ou exibir melhor suas posses sociais e econômicas. Você toma decisões baseado em determinado momento de sua vida. Você vê o mundo a partir daquilo que pode comprar, da comparação das relações ou da importância social conquistada. Você age dentro dos limites dos bens materiais que controla. Você tem tendência a comparar o que tem com o que os outros possuem. Se você é centrado no Prazer. Sente-se seguro só quando está no auge do contentamento. Você toma decisões baseado no que vai lhe proporcionar mais prazer. Você vê o mundo em termos do proveito que pode tirar dele. Seu poder é quase inexistente. Sua segurança tem vida curta, pouca criatividade e depende do ambiente. Se você é centrado nos Amigos. Sua segurança deriva do espelho dado pela sociedade. Seu critério para tomar decisões é: "O que os outros vão pensar de mim?" Você vê o mundo pela óptica do social. Você está limitado pela camada social a que pertence. Você é extremamente dependente da opinião dos outros. Suas ações são tão precárias quanto suas opiniões. Você fica constrangido facilmente. Se você é centrado no Inimigo. Sua segurança é volátil, baseada em movimentos dele (dela). Você desenvolve uma dependência invertida, sendo guiado pelas ações do Sua capacidade de julgamento é restrita e distorcida. Você procura se justificar e prejudicar o inimigo. Você vive se perguntando: "O que será que ele vai fazer agora?" O pouco poder de que dispõe deriva da raiva, inveja, ressentimento e vingança, uma energia negativa que contamina e destrói, deixando pouca energia para o resto. Você é defensivo, extremamente sensível e com frequência, paranoico. Você toma decisões baseando-se naquilo que vai obter apoio dos que pensam da mesma forma.

Se você é centrado na Igreja. Sua segurança se baseia na atividade religiosa, e no apreço que as pessoas têm por você.

Você se guia pelo modo como os outros avaliam suas ações, autoridade e influência no contexto dos ensinamentos e expectativas da igreja. Você divide o mundo em "crentes" e "não crentes", "participantes" e "omissos". Sua noção de poder deriva da posição ou papel que ocupa na igreja. Você identifica e se sente seguro com as comparações e os rótulos religiosos. Se você é centrado em Si mesmo. Sua segurança muda e se altera constantemente. Seus critérios de julgamento são: "Se for bom para mim...", "O que eu quero", "O que eu preciso", "O que é que eu levo nisso?" Você vê o mundo conforme os efeitos das decisões, recursos, sem os benefícios da independência. Sua liberdade de agir está limitada por seus próprios eventos e circunstâncias sobre sua vida.

Os princípios no centro

Ao centrarmos nossas vidas em princípios corretos, criamos uma base sólida para o desenvolvimento dos quatro fatores que sustentam a vida. Nossa segurança vem do conhecimento de que, ao contrário dos outros centros, baseados nas pessoas ou coisas sujeitos à mudança frequente e constante, os princípios corretos não mudam. Nós podemos confiar neles. Os princípios não reagem a nada. Eles não ficam irritados, nem nos tratam mal. Eles nunca pedem divórcio ou fogem com nosso melhor amigo. Eles não tentam nos passar a perna. Eles não enchem nosso caminho de atalhos e milagres. Eles não dependem do comportamento dos outros, do meio, ou da última moda para ter validade. Os princípios não morrem. Eles não ficam conosco hoje e somem amanhã. Eles não podem ser destruídos pelo fogo, por terremotos ou levados por ladrões. Os princípios são verdades profundas, fundamentais, verdades clássicas, denominadores comuns genéricos. Eles são linhas estreitamente interligadas, tecendo a vida com exatidão, consistência, beleza e força. Mesmo em meio a pessoas ou ocasiões que parecem ignorar os princípios, podemos nos consolar com a certeza de que estes são maiores do que as pessoas ou as circunstâncias, e de que milhares de anos de História assistiram ao seu triunfo, repetidas vezes. E, mais importante ainda, podemos ficar tranquilos, por saber que podemos comprovar a validade deles em nossas vidas, através de nossa própria experiência. Não somos oniscientes, admito. Nosso conhecimento e compreensão dos princípios corretos se restringem em função de nossa falta de consciência de nossa própria natureza e do mundo a nossa volta, em função da onda de teorias e filosofias passageiras, em desarmonia com os princípios corretos. Estas ideias desfrutam de aceitação passageira, mas como tantas outras antes delas desaparecem, pois não foram construídas sobre uma base sólida. Somos limitados, mas podemos ampliar as fronteiras das nossas limitações. A compreensão do princípio do amadurecimento nos permite sair em busca dos princípios corretos, com a certeza de que, ao aprender mais, conseguimos focalizar com maior clareza as lentes através das quais vemos o mundo. Os princípios não mudam. A noção que temos deles sim. A sabedoria e a orientação que acompanham a vida centrada nos princípios derivam de mapas corretos, originam-se nas coisas como elas são, foram e serão realmente. Mapas corretos permitem que vejamos claramente aonde desejamos ir e como chegar lá. Podemos tomar as decisões usando as informações acertadas, e isso tornará sua realização possível e plena de significado. O poder pessoal que vem com a vida centrada nos princípios é o poder presente em um indivíduo possuidor de autoconsciência, da compreensão, que não se limita em função das atitudes, comportamentos e ações dos outros, ou pelas diversas circunstâncias e influências do meio que restringem outras pessoas. A única limitação real do poder encontra-se nas consequências naturais dos próprios princípios. Somos livres para escolher nossas ações, baseando a escolha nos princípios corretos, mas não somos livres para escolher as consequências destas ações. Lembrem-se: "Quando pegamos uma vara por uma ponta, pegamos também pela outra". Os princípios têm consequências naturais vinculadas a eles. Há consequências positivas, quando vivemos em harmonia com eles. Há consequências negativas, quando os ignoramos. Entretanto, como se aplicam a todos, quer as pessoas tenham ou não consciência deles, esta limitação é universal. E, quanto mais conhecemos os princípios corretos, maior é nossa liberdade pessoal para agir com sabedoria. Ao centrar a vida em princípios imutáveis, eternos, criamos um paradigma fundamental para a existência eficaz. Este é o centro que coloca todos os centros dentro da perspectiva correta. Lembre-se de que seu paradigma é a fonte a partir da qual suas atitudes e comportamentos fluem. Um paradigma é como os óculos: afeta a maneira como você vê tudo na vida. Se você olha para as coisas através do paradigma dos princípios corretos, o que enxerga é dramaticamente diferente do que pode ver por meio de qualquer outro paradigma central.

Se você é centrado nos princípios: justiça, liberdade, honestidade, amor, prudência, responsabilidade, sinceridade, verdade, respeito.

Sua segurança se baseia em princípios que não mudam independentes das condições e circunstâncias externas.

Você está seguro de que os princípios verdadeiros serão constantemente validados por sua própria vida, através da experiência. Como servem de medida para o amadurecimento da personalidade, os princípios corretos funcionam com exatidão, consistência, beleza e força. Os princípios corretos o ajudam a compreender seu próprio desenvolvimento, dotando-o da confiança necessária para aprender mais, e desta forma aumentando seu conhecimento e sua compreensão. Esta fonte de segurança cria uma base imutável, intocável e confiável, permitindo a você ver a mudança como uma excitante aventura e uma oportunidade para fazer contribuições significativas.

Você se guia por uma bússola que lhe permite ver para onde está seguindo e como fazer para chegar lá. Você se vale de informações precisas, o que torna suas decisões tanto exequíveis quanto significativas. Você se mantém a parte das situações, emoções e circunstâncias da vida, observando o todo, equilibradamente. Suas decisões e ações levam em conta os fatores de curto e longo prazo e suas implicações. Em cada situação, você determina, de forma consciente e proativa, a melhor alternativa, baseando suas decisões na consciência esclarecida pelos princípios. Seu julgamento abrange um largo espectro de consequências a longo prazo, e espelha um equilíbrio sábio e uma confiança serena.

Você vê as coisas de forma diferente, e, portanto reage de modo diferente da maioria das pessoas reativas do mundo. Você encara o mundo através de um paradigma fundamental, o que lhe dá uma vida eficaz, proveitosa. Você vê o mundo em função do que pode fazer por ele e seus habitantes. Você adota um estilo de vida proativo, voltado para servir e engrandecer os outros.

Você interpreta todas as experiências da vida em termos de oportunidades para aprender e dar sua contribuição. Seu poder é limitado apenas pela sua compreensão e observância da lei natural e dos princípios corretos, bem como pelas consequências naturais dos próprios princípios. Você se torna um indivíduo consciente, instruído, proativo, que não é limitado pelas atitudes, comportamentos e ações dos outros. Sua capacidade de agir vai muito além de seus próprios recursos, e encoraja níveis altamente encorajadores de interdependência. Suas decisões e ações não são ditadas pelas limitações financeiras ou circunstanciais do momento. Você experimenta a liberdade interdependente. Numa rápida compreensão da diferença feita por seu centro, vamos dar uma olhada em um único exemplo de um problema específico, conforme ele é visto por diferentes paradigmas. Enquanto lê, tente usar cada um destes óculos. Tente sentir as reações que cada um dos diferentes centros induz. Suponha que você tenha convidado sua esposa para ir a um concerto à noite. Você tem as entradas, ela está excitada com o programa.

São 4 horas da tarde. Repentinamente seu sócio o chama no escritório, e anuncia que precisa de sua ajuda à noite, para preparar uma importante reunião que acontecerá no dia seguinte às 9 da manhã. Se você está olhando pelas lentes centradas na família ou no cônjuge, sua maior preocupação será com sua esposa. Você pode dizer a seu sócio que não poderá ficar, e levá-la ao concerto, esforçando-se para agradá-la.

Mesmo que você sinta que precisa ficar, para contribuir com o seu negócio, sabe que só faria isso de má vontade, tentando justificar sua decisão e se proteger do desapontamento e da raiva dela.

Se você olhar a questão a partir das lentes centradas no dinheiro, sua principal preocupação será com os ganhos extras que desfrutará, ou a influência que isso terá em um possível aumento dos lucros. Talvez simplesmente telefone para sua esposa e diga a ela que precisa ficar presumindo que ela entenda que as questões econômicas devem ser prioritárias.

Se você é uma pessoa centrada no trabalho, pode ficar pensando na oportunidade. Vai aprender coisas novas sobre o serviço. Terá oportunidade de marcar pontos com o sócio e aumentar suas chances no capital da empresa. Pode até se parabenizar por trabalhar muito mais do que é necessário, prova do quanto você é esforçado. Sua mulher deveria sentir orgulho do marido!

Se você tem o centro nos bens, pode pensar nas coisas que o dinheiro destas horas extras vai permitir comprar. Ou considerar um fato positivo para sua reputação no escritório esta oportunidade de ficar até mais tarde. Todos saberão amanhã o quanto você é nobre, disposto e dedicado.

Se você centra sua vida no prazer, provavelmente dispensará o trabalho e irá ao concerto, mesmo que sua esposa fique contente se você trabalhar até mais tarde. Você merece uma noite de divertimento!

Se estiver centrado nos amigos, sua decisão será influenciada pela presença ou não dos amigos no concerto. Ou pela atitude dos amigos no trabalho: Eles ficam ou não até mais tarde?

Se você tem o centro nos inimigos, pode ficar até tarde porque isso vai lhe dar uma grande vantagem sobre aquela pessoa no escritório que se acha o maioral da empresa. Enquanto ele sai para passear, você estará trabalhando como escravo, fazendo o seu trabalho ou o dele, sacrificando seu prazer pessoal pelo bem da companhia, enquanto ele se dá ao luxo de ignorar com tanta tranquilidade.

Se você é centrado na igreja, pode ser influenciado pelos planos base dos outros frequentadores de comparecer ao concerto, pelo fato de algum membro da congregação trabalhar na mesma empresa ou pelo tipo de concerto - O Messias de Handel está mais cotado do que um show de rock. Sua decisão também pode ser influenciada pelo que considera a conduta certa para um "bom membro da igreja", ou por sua visão do trabalho extra como "serviço" ou "busca de bens materiais".

Se você é centrado no eu, estará preocupado com o que será melhor para sua
pessoa. Será melhor sair à noite? Ou quem
sabe para você seja mais vantajoso marcar
alguns pontos com seu sócio? A maneira
como você será afetado pela escolha é o
que importa. Conforme consideramos as
várias maneiras de olhar para um único
evento, chega a ser surpresa que tenhamos
uma percepção dos problemas na linha dos

gráficos de Rosach tipo: "velha/moça" (qual das duas você vê ao
lado?), na interação com os outros?

Você consegue ver como os centros nos afetam profundamente? Até em nossas motivações, decisões diárias (ou, em
muitos casos, nossas reações), nossa interpretação dos fatos?
Por este motivo, a compreensão do seu próprio centro é importante. E se o centro não o torna uma pessoa proativa,
torna-se fundamental, para sua eficácia, realizar as mudanças de
paradigma necessárias para criar um centro que o faça. Como
uma pessoa centrada nos princípios, você tenta ficar afastado
das emoções do momento, ou de outros fatores que podem influenciá-lo, e analisar as opções. Ao olhar para o todo, equilibradamente – as necessidades do trabalho, da família, outros
fatores que possam estar envolvidos e possíveis implicações das
diversas decisões alternativas, você tentará encontrar a melhor
solução, levando todos os aspectos em consideração.

Ir ao concerto ou ficar trabalhando é na verdade uma pequena parte apenas, dentro do processo de decisão real.

Você pode fazer a mesma escolha a partir de vários outros
centros. Mas existem diversas diferenças importantes quando
se parte de um paradigma centrado nos princípios.

Em primeiro lugar, você não está agindo levado por outras
pessoas ou circunstâncias. Escolhe pro ativamente o que con-

sidera a melhor alternativa. Toma a decisão conscientemente, com clareza.

Segundo: você sabe que a sua decisão é a mais eficaz, porque se baseia em princípios, com resultados em longo prazo previsíveis.

Terceiro: o que você escolhe fazer, reforça seus valores fundamentais da vida. Ficar trabalhando à noite para conseguir uma vantagem sobre alguém no escritório é uma ocasião especial porque você valoriza a eficiência de seu sócio e deseja sinceramente contribuir para o bem-estar da empresa. As experiências que você tem quando leva adiante suas decisões ganham em termos de qualidade e significado, no contexto de sua vida como um todo.

Quarto: você pode se relacionar com sua esposa e seu sócio a partir dos vínculos profundos que criou em seus relacionamentos interdependentes. Como você é independente, pode ser interdependente com eficácia. Pode decidir passar para outros o que for possível e na manhã seguinte realizar o que falta.

E, finalmente, você se sentirá confortável quanto a sua decisão. Qualquer que seja sua escolha, você poderá se concentrar nela e aproveitá-la ao máximo. Na condição de uma pessoa centrada nos princípios, você vê as coisas de um modo mais eficaz, sempre que submetido a escolhas.

Como poucos de nós conhecemos a fundo o melhor dos significados práticos desta palavra, EFICÁCIA, selecionei o seguinte texto para seu conhecimento e prática.

Saiba mais em https://pt.wikipedia.org/wiki/Os_Sete_Habitos_das-pessoas_Altamente_Eficazes

CAPÍTULO 3

Reconhecendo a circunstância

O lhe agora para dentro de seu negócio e identifique o modelo de gestão praticado, que está orientando as ações neste momento delicado, que você e o seu empreendimento enfrentam.

Imagine em seguida qual o futuro que lhe espera se não atacar imediatamente as causas da circunstância onde está inserido.

Conheço muitas histórias de empresas que perderam o FOCO por não prestarem atenção às intempéries que se aproximavam no horizonte e não mudarem a tempo as circunstâncias, enquanto ainda lhes restavam meios econômicos, financeiros, humanos e mercadológicos suficientes para mudar de mentalidade.

Grandes redes de lojas de departamentos mais que cinquentenárias: MESBLA, sua principal concorrente multinacional sear's, dois grandes bancos: (NACIONAL) um deles até centenário (ECONÔMICO), indústria eletrônica: TELEFUNKEN, Bicicletas MONARK, Jeans STAROUP, Metalúrgica SEMER, companhias aéreas: VASP, TRANSBRASIL, VARIG (aquela do Boeing acidentado na selva amazônica), redes de TV: TUPI, MANCHETE, e outras menores, que se tornaria maçante continuar elencando. Estas foram citadas, dentre muitas, por terem sido poderosos e respeitados ícones dos seus setores, em sua época e durante muito tempo.

Nem por contar com poderosas estruturas hierárquicas, muitos recursos tecnológicos e caros gestores, foram capazes de PROSPERAR NA RECESSÃO, seguramente por uma combinação desastrosa de fatores, externos e internos que contribuíram definitivamente para a TEMPESTADE PERFEITA que as levaram à falência.

Não há experiência profissional e humana pior do que enfrentar um processo falimentar. Quem passou por isto não deseja este mal para seu pior inimigo. É muito parecido com o processo de falência geral dos órgãos em um ser enfermo.

Quando se entra na fase terminal, nenhum remédio, nenhuma intervenção dá mais resultado, pois, o processo de falência dos órgãos se alimenta dele mesmo produzindo muita desorientação e dores atrozes no organismo empresarial, nas pessoas, nas famílias e na cadeia produtiva.

Importante registrar um fato muito curioso, ocorrido durante a passada crise financeira internacional de 2008:

A rainha da Inglaterra de quem se imagina contar com excelente assessoria financeira, teria perdido 25 milhões de libras em seus investimentos; ficou perplexa com o fato e durante um evento na London School of Economics, uma das mais renomadas do mundo e aproveitando a oportunidade, perguntou por que ninguém havia detectado preventivamente o problema. Resposta do Professor Luis Garicano, diretor de pesquisas da escola: "A cada momento, alguém confia em alguém e todos imaginam que estão fazendo a coisa certa".

Sem considerar o cinismo da resposta de parte de uma tão reconhecida autoridade acadêmica, fica a dúvida patente, se Economia é mesmo uma ciência. A decisão do plebiscito britânico com a vitória do brexit, confirma o acerto da resposta?

Sobre isto, um renomado economista brasileiro, Roberto Campos no lançamento de sua obra literária denominada Lanterna na Popa, afirmou que "Os economistas em geral servem muito bem para previsões do passado" daí o título de seu best seller.

É claro que esta afirmação àquela época deve ter sido uma frase de efeito, uma generalização para causar polêmica, como era do seu estilo, mas da frase do Prof. Garicano, uma coisa fica muito clara de tão simples: como e porque o valor de face de uma cédula de qualquer moeda vale o que está impresso nela?

Este papel especial impresso com recursos gráficos sofisticados não passa disto: papel pintado. A cédula vale o que está escrito nela, apenas e tão somente porque todos aceitam acreditar no que diz valer.

O sistema monetário do mundo inteiro funciona deste modo: na base da CONFIANÇA (a libra despencou de valor no dia seguinte ao brexit).

A inflação destrói este valor, sem que o cidadão comum possa perceber diretamente. Este cidadão-consumidor apenas começa a notar que algo não anda bem com seu dinheiro, quando percebe que está cada vez sobrando mais mês ao fim do seu salário.

Como defesa, muda de hábitos: compra menos, troca de marcas, desliga as luzes ao sair dos cômodos, continua tomando eventualmente banho quente, mas por períodos mais curtos. Reduz a ida aos restaurantes e passa a comer mais vezes em casa.

compartilha melhor o veículo da família, caminha até a padaria como exercício da manhã, corta supérfluos, viaja de férias para destinos mais próximos etc...

Mais adiante, preserva o principal que é a alimentação e itens básicos de conforto para a família e para o lar.

Deste modo a economia esfria e, em tese, a lei da oferta e da procura faz o seu trabalho: reverte o ciclo de alta demanda, para maior oferta de bens e serviços e como consequência os preços caem, reduzindo a inflação.

Isto funciona nos casos de inflação de demanda, mas, lamento dizer que nos casos de inflação de custos, como é o caso desta que convivemos atualmente, aquelas providências não surtem efeitos em curto prazo, por que o custo operacional das empresas e das famílias, estará permanentemente sob pressão crescente de parte dos preços ditos administrados, como energia, água, combustível, e da manipulação ou elevação dos tributos resultantes, que são utilizados pelos governos, para que, com estes valores em alta crescente, a consequente arrecadação permaneça em patamares, que lhes permita manter a improdutiva maquina pública funcionando a seu contento e proveito, enquanto os resultados positivos dos ajustes esperam um largo tempo para aparecer.

Deste modo o empreendedor e o consumidor continuam pagando a conta dos gastos perdulários dos governos em todos os três níveis da administração: federal, estadual, municipal.

Como exemplo: uma empresa no setor de alimentos refrigerados, congelados, sorveterias, laticínios, altamente dependente do insumo energia, pode ser penalizada de modo diferente e mais danoso que as de outro setor, na qual este insumo não seja tão vital ao processo produtivo.

Do mesmo modo, empresas do setor de transportes podem sofrer uma alta considerável nos seus custos, por alta dependência de combustíveis cujos preços são controlados pelo governo, monopolista através da Petrobras do refino de petróleo, insumo principal de sua atividade, com reflexos indiretos através da cadeia produtiva dos derivados, como plásticos que afetam o setor de embalagens.

A sobreposição de ambos os fatores é um poderoso alimentador da alta de preços, em proporções geométricas.

Estes fatores são ainda mais prejudiciais quando acontecem num país desprovido de infraestrutura logística, sem redes eficazes de rodovias, ferrovias e navegação de cabotagem (costeira), fatores restritivos à prosperidade, por se tratarem de poderosos alimentadores de custos nos fretes dos produtos, muitas vezes transportados por mais de 4.000 quilômetros entre o Sul e o nordeste do Brasil, por rodovias quase sempre precárias e geradoras de pesados e imprevistos custos de manutenção das frotas dos transportadores e do grande desperdício de cargas de granéis na época das safras de cereais exportáveis.

Quer comprovar isto na prática? Adquira hoje o hábito de conferir no rodapé do cupom fiscal do supermercado, quanto de dinheiro você está deixando no caixa em produtos e quanto representa em impostos, Há itens importados, como temperos ou batata palha, que vão acima de 110%.

Na estagflação se torna quase impossível aos empreendedores, repassar estes aumentos, sob pena de perda de clientes e mercado. Deste modo, os empresários optam por sacrificar suas margens de lucro, até o ponto de não sobrarem recursos para investimentos ou manutenção do negócio, até que se decidam a repassar os custos imediatamente, sempre e quando tal circunstância alcance um perigoso limite de quebra da empresa.

O empreendedor precisa estar muito atento a todos estes movimentos, pois, na maioria dos casos se encontra no meio da cadeia produtiva, como as indústrias de transformação, comércio ou serviços. Repassadores de custos aos consumidores e usuários.

Esta linha de frente empreendedora vive como "barata atravessando um galinheiro". Sob intensa pressão dos fornecedores por maiores preços por um lado e de sua clientela exigindo manutenção ou mesmo redução dos preços praticados do outro, e por fim o fisco querendo arrancar os frutos do esforço do negócio, como maior sócio sem nenhum aporte de capital ou de trabalho. É como estar à beira do mar, quando este se recolhe para formar a onda do tsunami.

O empreendedor solitário será um dos primeiros a serem tragados pela super onda assassina de empresas.

Sua esperança de salvação é agir o mais rápido possível para alcançar algum ponto seguro, de onde possa preservar a operação de seu negócio, enquanto observa as mudanças resultantes da catástrofe sobre o panorama do mercado.

Esta situação reduz a produção de grandes indústrias de transformação e o consequente fechamento em cascata, de muitas empresas provedoras do seu arranjo produtivo setorial e de médio e pequeno portes (98% das empresas formais do país) resulta em muito desemprego em variados segmentos, onde atuam milhares de fornecedores de componentes ou serviços para as grandes empresas da cadeia produtiva, o que é algo crítico para os atingidos por esta onda, como está ocorrendo nestes dias.

VEJAMOS ALGUMA GRAVES ESTATÍSTICAS REGISTRADAS, A PARTIR DE JUNHO 2015

– 11.900.000 desempregados até abril 2016 (fonte: IBGE)

– 650.000 desempregados somente em abril 1016.

– 158.000 postos de trabalho fechados em março 2016.

– 13,5% de desempregados em São Paulo em abril 2016

– Queda do faturamento das micro e pequenas empresas

11,9%, A maior desde 2009.

– Taxa anual de inflação acumulada em dezembro em abril 2015: 10,35%

INFLAÇÃO DE ALGUNS PRODUTOS

– Sabão em pó = 47%

– Fraldas descartáveis: 37%

– Arroz: 22%

– Desodorante feminino: 28%

– Bacalhau desfiado: 48%

– Ovos vermelhos: 23%

– Margarina: 13%

– Papel higiênico: 13%

Fontes: IBGE, ABCR, IPSOS, Data Popular, Tendências Consultoria.

Se sob uma perspectiva realista como esta, o futuro lhe pareça muito sombrio, em contrapartida, este evento econômico gera também excelente oportunidade de autodescoberta, para aproveitar e alcançar a liberdade de empreender, através do aprendizado absorvido durante o processo de graduação ou num ramo de negócio, sobre o qual se tenha vocação ou conhecimento adquirido durante a carreira de empregado.

Se for o seu caso, não seja reativo, não entre em pânico.

Se você está num beco sem saída à noite, e nota a sombra que lhe parece ser a de um enorme tigre, não cubra os olhos. Vire-se para enxergar melhor a ameaça, que pode não passar de um gatinho perdido na noite, como você, além do que, a população de tigres fora da Ásia, está quase sempre nos circos ou nos zoológicos.

Analise com calma a circunstância que conduziu a sua graduação no Brasil (se é graduado em alguma profissão), toda ela dirigida de modo a formar apenas especialistas, para serem empregados de grandes e médias empresas estatais, do serviço público ou privado e nunca para serem empreendedores.

Como se as universidades condicionassem gatos dependentes para a guarda de apartamentos ao invés de treinar independentes cães de rua, vira-latas adaptados para a sobrevivência sob as piores intempéries.

Se você se descobrir um gato de apartamento, chegou a hora de se transformar num pitbull de rua.

Acabaram-se as proteções. Você agora está à deriva como naquele Boeing da Varig sobre a selva amazônica, ou a mercê das intempéries como o Airbus da Air France. De agora em diante terá que caçar sua sobrevivência, dia após dia.

E esta circunstância pode abrir o seu caminho para a liberdade e para a prosperidade, pois, neste mesmo instante, todo o mundo dos negócios atravessa uma era de inovação permanente, na qual a criatividade é o maior e mais valioso patrimônio.

Procure saber qual é o patrimônio físico, o ativo imobilizado do GOOGLE, FACEBOOK, UBER, comparado com seu valor de mercado, para citar apenas alguns exemplos e reflita sobre esta realidade.

CAPÍTULO 4

Ações proativas

Seja proativo. Não entre neste jogo de ansiedades que as circunstâncias lhe envolvem no momento.

Sua primeira ação: ponderar as alternativas que estão ao seu alcance. Dê-se um tempo para refletir sobre a sua condição presente. Há pessoas que elegem um período sabático (sem atividade profissional) até ter certeza de sua escolha para o futuro.

Não saia reagindo por aí, atirando a esmo, sem apontar para um foco adequado à sua vocação ou experiência.

Aproveite para meditar sobre este relato, quase lendário sobre Bill Gates, fundador da Microsoft, muito bem descrito em um brilhante artigo da escritora Lia Luft:

"Convidado para paraninfar uma turma de faculdade, teria chegado, subido ao pódio, tirado do bolso um papel que leu em cinco minutos, sendo aplaudido por outros dez (ao menos esta é a lenda)".

Eis os conselhos:

"1. A vida não é fácil - acostume-se com isto;

2. O mundo não se preocupa com sua autoestima, mas espera que você faça alguma coisa útil para ele;

3. Você não vai ganhar $ 20.000,00 por mês assim que sair da faculdade, não será vice-presidente da empresa com carrão à disposição, antes de conseguir comprar seu próprio carrão com o fruto do seu trabalho;

4. Se você achava algum professor severo, ou grosso, espere para ver seu futuro chefe: ele não vai ter nenhuma pena de você;

5. Trabalhar meio turno, vender qualquer coisa, ser frentista ou garçonete para ajudar a pagar seus estudos não é humilhante. Há quem chame isto de oportunidade;

6. Antes de você nascer, seus pais talvez não fossem tão críticos quanto agora, que precisam pagar suas contas, lavar suas roupas, aguentar suas insolências, como afirmar que eles são ridículos. Então, antes de querer salvar o planeta, arrume seu quarto (e apague a luz ao sair);

7. Se na sua escola ou faculdade não se distinguem os esforçados dos preguiçosos, e todos são igualmente aprovados, saiba que a vida não é assim. Na vida real, ao primeiro erro grave você poderá ir para o olho da rua;

8. A televisão não é como na vida real, onde a gente tem de sair do barzinho ou da balada e ir direto para o trabalho;

9. Não ria dos nerds, que os outros julgam babacas porque trabalham, estudam, se esforçam. Há uma boa probabilidade de um dia você ser empregado de um deles."

A astúcia empreendedora deste outro empresário vencedor, é de uma simplicidade que beira o surreal, para gestores ortodoxos como a maioria. Veja que abordagem interessante:

"Sempre quando quero que se resolva uma tarefa muito difícil, encarrego a solução a uma pessoa muito preguiçosa. Porque seguramente esta pessoa encontrará o modo mais fácil e rápido de resolvê-la".

~ Bill Gates

Busque sempre prestar muita atenção às notícias, mas, principalmente desconfie de tudo, como ensinou Decartes, procure perceber aquelas que estão subliminarmente por traz das notícias, como no exemplo: a notícia (simulada) é que o grau de desemprego subiu de 10% para 13% da população economicamente ativa.

Qual a notícia que está por traz desta notícia?

a. Que ainda há 87% desta mesma massa salarial que permanece no mercado consumidor, porém com novas limitações, exigências e perspectivas, mas, com os mesmos gostos e preferências de consumo. Pode ser até que esta taxa de desemprego tenha ocorrido nas faixas salariais muito baixas e a média salarial dos remanescentes tenha até crescido.

b. Os 13% dispensados, ampliam a oferta de mão de obra, rarefeitas em algumas especialidades, o que melhora a condição para um melhor recrutamento e seleção de colaboradores melhor qualificados para o seu negócio,

c. Pergunte-se: como posso perceber criar ou aperfeiçoar alternativas, para atrair estes recursos humanos e para atender melhor às novas exigências destes consumidores remanescentes, conquistá-los e fidelizá-los como clientes internos e externos do meu negócio?

Exemplo: com a compra de bancos menores pelos gigantes financeiros nacionais, há um contingente de mão de obra qualificada e disponível, representada por ex-gerentes de agências que por exigência do modelo de negócio financeiro, se transformaram em excelentes assessores de investimento, que agora podem ser muito bem aproveitados pelo setor imobiliário, como consultores para defesa contra a desvalorização de ativos financeiros, através de investimentos inteligentes que estão em momento de alta oferta e baixa valorização. Claro que isto exigirá um período de capacitação e adaptação destes profissionais, por parte das empresas do ramo que atentem para esta OPORTUNIDADE.

Procure conhecer melhor sobre um fenômeno muito novo, chamado economia compartilhada que cresce a níveis acelerados nos países mais desenvolvidos e do qual trataremos de modo prático mais adiante.

Lembre-se: as oportunidades estão sempre aí.

Há algum tempo atrás, os meios e as ferramentas de gestão administrativa, financeira e comercial disponíveis no mercado, nos obrigavam a buscar demoradas soluções através de cursos demorados ou especialistas em gestão e tecnologia da informação, as quais agora estão ao alcance de um click na internet.

Na propaganda, os outdoors estão sendo substituídos por aplicativos via smartphones ao alcance das pontas dos dedos, as mais variadas redes sociais estão aí mesmo para levar sua mensagem aos nichos para os quais você queira apresentar, vender, acompanhar, manter e fidelizar junto a sua clientela, ou para quem mais quiser alcançar, desde que tome coragem e saia de sua zona de conforto.

Note que esta revolução já está acontecendo muito perto de você há algum tempo. As pessoas preferem pagar pelo conforto de escolher, decidir, adquirir e receber em seu endereço, tudo que desejar o mais rápido possível.

Quantos milhares de vezes já ouviu esta frase: "O tempo está passando muito depressa"?

Lamento discordar, mas, não está. As horas são as mesmas 24 de sempre, repletas dos mesmos 60 minutos cada, as quais cada um de nós recebe desde o nascimento.

O que está acontecendo é que estamos desperdiçando muito tempo de nossas vidas, vítimas das miríades de ladrões de minutos, vendo noticiário repetitivo, controlado pelas mesmas e poucas (menos de 20) agências internacionais de notícias, através da TV, internet, jornais e revistas. Perdemos horas e mais horas no trânsito das cidades, por má escolha do horário ou do veículo de uso individual.

Saiba que um estabelecimento varejista de rua tem um raio de alcance de clientes limitado ao bairro onde está instalado, isto significa algo entre 3 km a um máximo de 5 km de raio. Mais do que isto já se torna necessário ao consumidor, usar um veículo para deslocamento até um shopping center, onde possa pretender encontrar mais opções de produtos ou serviços.

A sociedade moderna nos impõe um ritmo de ocupações de tal monta, que o tempo que sobra é cada vez menor para que possamos desperdiçá-lo em buscas físicas, pelas ruas de comércio ou mesmo em shopping centers.

Nesta hora em que os consumidores reprogramam seu ritmo de compras, reduzindo as idas aos restaurantes e bares, nos fins de semana. Compras de artigos de luxo apenas em ocasiões muito especiais como bodas e eventos da família, artigos de moda e acessórios em ocasiões ou estações específicas, trocas de veículos em períodos mais longos, ou por seminovos de um ou dois anos de uso, já depreciados, mas bem conservados, e não mais por impulso.

É necessário que o empreendedor fuja do padrão e desconfie das fórmulas clássicas de enfrentamento a estagflação, pois, esta é a primeira vez que este fato vem acompanhado de uma alta incontrolável dos preços administrados pelo governo como telefonia, energia, combustíveis, tributos.

Se o seu caso é varejo, que alcança um raio de influência mercadológica relativamente curto, é hora de se aproximar da vizinhança, hábito que as populações das cidades perderam ao longo do tempo e da verticalização das residências.

Procure saber quem são estes vizinhos, onde vivem e

quais as preferências e carências dos consumidores localizados dentro deste raio, para estreitar o relacionamento entre sua empresa e aquelas pessoas e famílias, de modo a descobrir junto com elas "AQUILO QUE AINDA NÃO SABEM QUE QUEREM".

Através de ações de pesquisas qualitativas simplificadas, que sondem indiretamente suas INSATISFAÇÕES, com o que dispõem neste momento, crítico para alguns e oportunos para outros, colhendo valiosas informações que descobrirão durante esta tarefa.

Algumas tão simples como colher o endereço de e-mail do seu cliente, ao fim de um bom atendimento, justificando com a oportunidade de informá-lo posteriormente sobre novidades, promoções, pesquisas preferenciais etc...

Afinal, com a redução da frequência de clientes, sobra tempo para um relacionamento menos apressado, e mais proveitoso que o de costume.

Um bem estruturado site de comércio eletrônico, surgido como resultado destas ações, aliado a boas campanhas nas redes sociais, representa tantas oportunidade (sempre aí) de prosperar, que em muitos casos já superam a velha, clássica e quase obsoleta opção de abrir uma unidade matriz seguida de diversas filiais, dentro do raio de alcance que a eficiência de sua logística possa atender a contento. Um bom site de e-commerce pode ir ampliando-se à medida que seu conhecimento sobre o tema e seus mercados-alvo evoluam.

Seu investimento inicial será infinitamente menor que a instalação e operação de uma ou mais lojas físicas, e o retorno do capital seguramente muito mais rápido.

Saiba como em www.wix.com

Falando em mercado, esta entidade invisível, generosa ou cruel ao mesmo tempo, merece uma abordagem especial, para todo aquele que se estabeleça em qualquer ramo de negócios.

Histórica e fisicamente, o mercado começou com um espaço aberto nas aldeias primitivas onde produtores de víveres, implementos, caça, pescados, peles, etc... levavam seus excedentes para troca entre si. Pessoas avaliavam os produtos de acordo com suas necessidades ou com a raridade do bem, ajustavam a troca enquanto ainda não se havia inventado o elemento intermediário, chamado moeda.

Guardadas as sutis diferenças, quase tudo continua sendo mais ou menos a mesma coisa no presente.

Quando queira entrar em qualquer mercado, tome as devidas providencias: Estude muito bem o perfil dos potenciais clientes que pretenda alcançar, por que negócios são feitos entre pessoas, pessoas vivas, com dinheiro ou crédito.

Vender refrigeradores no ártico pode ser mais fácil que água de coco na praia. Claro se a água não estiver gelada, se o preço estiver muito alto ou se os fatores diferenciais de sua água de coco não justifiquem o valor cobrado, ou se a praia estiver deserta num dia de inverno frio e chuvoso.

A diferença principal entre um empreendedor bem-sucedido e um malsucedido, nunca é porque um nasceu em berço de ouro e o outro em um lar humilde, nem porque um é branco caucasiano e outro afro descendente, tampouco por um deles ter tido acesso a melhor educação formal que o outro, ou que um tenha sido bafejado pela sorte e outro não.

Todos nós soubemos de herdeiros de grandes fortunas, que fracassaram nos negócios, assim como humildes imigrantes asiáticos e africanos que prosperaram, enquanto descendentes de arianos brancos, acabaram na sarjeta, findando seus dias a mercê da caridade humana.

Do mesmo modo, pessoas semianalfabetas se destacam em seus campos de atividade, enquanto sumidades acadêmicas atravessam anos a fio de mediocridade econômica.

Todos soubemos de casos de pessoas que foram bafejadas pela sorte, ganharam fortunas na loteria para dissiparem tudo em pouco tempo (estudos recentes sobre este tema constataram que cerca de 80% das pessoas contempladas numa loteria, perderam a fortuna num prazo de até 10 anos).

Descobri que, o que faz mesmo a diferença não é nada disto. Trata-se apenas daquilo que todos nós recebemos de modo igualitário ao nascer: o tempo nosso de cada dia. As mesmas 24 horas com 60 minutos cada e mais: à utilidade e qualidade que dediquemos para cada uma destas horas.

Atente para o slogan de uma recente campanha de propaganda, de uma grande instituição financeira internacional, da autoria da agência Casa Darwin: "Os obstáculos são os mesmos para todos, os resultados são melhores para alguns".

Leia com muita atenção o poema a seguir e reflita sobre as analogias contidas em cada estrofe antes de passar para a seguinte. Estas palavras certamente poderão ser muito úteis neste seu momento particular de decisão e nos próximos estágios de sua vida de empreendedor:

"Até que nos comprometamos
há vacilação,
a possibilidade de retroceder,
ineficiência.

No que concerne a todos os atos
de iniciativa (e criação)
há uma verdade elementar
cuja ignorância mata incontáveis ideias
e esplêndidos planos.

Que no momento
em que nos comprometemos definitivamente
a Providência dá seu passo também.
Todo tipo de coisas ocorrem para ajudar-nos,

que de outra maneira nunca haveriam ocorrido.

Uma corrente de eventos surgidos da decisão
gera a nosso favor
toda classe de incidentes e encontros
imprevistos
e assistência material
que nenhum homem poderia haver sonhado jamais
que viria em sua ajuda.

Aquele que pode fazer
ou sonha que pode fazer,
começa-o
a audácia tem gênio, poder e magia.
Começa-o agora!"

~ Johan Wolfgang von Goethe (Séc. XVIII)

Este poema nos faz refletir sobre dois grandes mistérios da física universal, que apesar do grande avanço da ciência neste campo, ainda não se conseguiu até o momento explicar.

Um deles é a qual estado da matéria pertence o FOGO, e sobre isto imagino o primeiro humano, aproveitando-se de um pedaço de lenha em chamas após um incêndio espontâneo da mata, transferindo esta chama primitiva a um punhado de gravetos e galhos secos e inventando a primeira fogueira, evoluindo assim de um estágio de sem-luz, para iluminado, de onívoro e frugívoro para opções infinitas de cardápio de assados e daí para a conservação de alimentos por defumação e armazenagem de viveres para sobrevivência nas estações de inverno ou de seca.

Outro é a natureza da partícula subatômica chamada Neutrino, Esta partícula é considerada como o segundo elemento mais abundante do universo depois da luz, está permeando tudo o que antes se considerava ser o espaço vazio entre os corpos celestes, atravessa todo e qualquer tipo de matéria, não tem carga, e apenas no ano (setembro 2015) descobriu-se que diferentemente do que os cientistas pensavam, até tem massa, por isso não pode mais ser chamada como antes; a partícula fantasma.

Alguns cientistas heterodoxos intuem que este elemento, é o responsável por algumas ocorrências inexplicáveis no campo das comunicações interativas transcendentais.

Imaginemos como alguém poderia antes de Heinrich Hertz (Hamburgo 1857 – Bonn 1894) considerar a existência das invisíveis ondas portadoras dos sinais de rádio, quando ainda não haviam sido descobertas?

"Que no momento
em que nos comprometemos definitivamente
a Providência dá seu passo também.
Todo tipo de coisas ocorrem para ajudar-nos,
que de outra maneira nunca haveriam ocorrido."

Como explicar esta estrofe do poema de Goethe escrito no século XVIII, a não ser considerando que aquele elemento possa ser o veículo de comunicação universal que interage para a realização dos desejos e objetivos humanos e de outros seres viventes, atendidos pelo que o poeta define como Providência.

Como explicar uma antiga experiência de um grupo de pesquisadores de uma Universidade inglesa, sobre o comportamento animal, realizada num arquipélago asiático na década de 1950, no qual estudavam o comportamento de uma comunidade de símios que viviam numa das ilhas, sem qualquer ligação com as demais.

Um dos alimentos preferidos da espécie eram uns pequenos frutos que quando maduros caiam das árvores e eles os coletavam e comiam misturados aos grãos de terra ou areia.

Depois que os pesquisadores ensinaram aos símios como

lavar os frutos antes de comê-los, estes passaram a praticar o novo hábito aprendido com eles.

O fato mais surpreendente ocorreu, quando se descobriu que outros macaquinhos da mesma espécie, habitantes de outras ilhas isoladas no arquipélago, passaram a praticar o mesmo hábito de lavar os frutos, sem que nenhum contato aparente entre eles houvesse ocorrido.

"Aquele que pode fazer
ou sonha que pode fazer,
começa-o.
A audácia tem gênio, poder e magia!"

CAPÍTULO 5

Focando na decisão tomada

S E VOCÊ AINDA NÃO TEM UM NEGÓCIO, INVENTE UM.

"Não é porque certas coisas são difíceis que não ousamos. É justamente porque não ousamos que tais coisas são difíceis".

~ Lucio Sêneca, (4 aC- 63 dC).

Está claro que esta orientação se aplica mais precisamente àquele que, por exemplo, acabou de perder um emprego, ou de se graduar em uma profissão, e está na mesma condição, evoluindo de estudante para desocupado. Ambos têm alternativas parecidas, buscar emprego num mercado restritivo ou criar seu próprio negócio.

Nas atuais circunstâncias não parece ser a melhor alternativa, sair procurando um novo emprego, pois o que mais se encontra é o contrário: desemprego crescente.

Deste modo, se e quando o encontrar, será na maioria das vezes pior remunerado, ou para o qual se esteja super qualificado e não ser adequada a relação empregabilidade/salário, buscada pelo recrutador.

Nesta circunstância, vale a pena conhecer o pungente testemunho de um cidadão do Zimbabue a quem chamaremos de Paul, um chefe de família com esposa e dois filhos pequenos, sua comovedora história e seu exemplar relato:

"Durante uma época de hiperinflação em nosso país, os alimentos ficaram muito caros e sumiram das prateleiras. Ficávamos horas na fila para conseguir alimento, mas geralmente a comida acabava antes de chegar a nossa vez. As pessoas ficaram muito magras por causa da fome, algumas desmaiavam na rua. Bens básicos passaram a custar milhões e depois bilhões. Por fim a moeda local perdeu todo valor. Fiquei sem conta bancária, sem seguro, sem plano de previdência".

Paul estava ciente que, para sua família sobreviver, ele precisaria mudar a circunstância na qual vivia:

"Eu era eletricista, mas aceitava qualquer trabalho, mesmo que pagassem menos que o normal, explica ele. Alguns me pagavam com alimentos ou itens para casa. Se eu recebia quatro sabonetes, usava dois e vendia o resto. Com o tempo consegui 40 pintinhos. Quando eles ficaram adultos, eu os vendi e comprei mais 300, Mais tarde negociei 50 frangos em troca de dois sacos de farinha de milho, que usei para sustentar minha família e várias outras por um bom tempo."

Esta história de superação, na qual a partir da necessidade absoluta, alguém fez acontecer um negócio praticamente do ZERO e nada mais que seu conhecimento, habilidades e muita fé.

A experiência vivida por Paul é algo que nem passa por nossas cabeças, acostumados com o nosso padrão médio de vida e os apelos do consumismo exacerbado. Mas este episódio ocorrido na África tão distante pode estar acontecendo neste momento com alguém muito próximo de nós, aqui mesmo, nas Américas, numa ou noutra ilha do Caribe.

Um detalhe aparentemente despercebido fez toda a diferença para Paul: a escolha entre seguir dependente da mesma circunstância, ou mudá-la e escapar do destino de inanição e morte de seus familiares, do modo que por algum tipo de limitação, optaram milhões de patrícios seus.

O que fez a diferença para Paul foi o seu ESPÍRITO EMPREENDEDOR e sua coragem de mudar a circunstância, de um golpe só.

Não pense que estamos livres de experimentar algo parecido, apesar de que, o Brasil e sua economia sejam muito diferentes das do Zimbabue, que nos dias atuais vive outro período de hiperinflação, cuja moeda de tão rápida desvalorização está sendo substituída por um tipo de vales-compra (providência anteriormente aplicada na Argentina, sem sucesso).

Mas, apesar desta diferença, a hiperinflação já aconteceu no Brasil ao fim do governo Itamar Franco, quando a moeda vigente, o Cruzeiro Real (CR$) alcançou o índice inflacionário de 2.780,6% ao ano, de julho de 1993 a junho de 1994. A Casa da Moeda do Brasil naquele período chegou a imprimir uma nota de 500.000 cruzeiros.

O impacto neste período de apenas 12 meses, não fora tão duramente percebido pela população brasileira, devido à inteligente metodologia do Plano Real, que criou um indexador (URV) o qual funcionava como uma moeda referencial paralela conversível todos os dias, até uma determinada data: 30/06/94, quando foram substituídas todas as notas e moedas de NCR$ por moedas e notas de Real a uma cotação de (NCR$ 2.780./1) estabilizando a nova moeda, desde 01 de julho de 1994, até os dias atuais.

Veja onde a hiperinflação levou a perda de valor da moeda, na nota de 500 mil Cruzeiros, convertidos a 500 CR$ (ver carimbo) e finalmente, retirada de circulação equivalendo a R$ 0,18 em 30/06/94 data da conversão ao REAL.

Este fantasma está sempre à espreita, enquanto os gastos públicos fogem ao controle, em consequência de políticas equivocadas, empreguismo, ideologia, populismo ou planos de domínio de poder (vide Venezuela atual, com inflação anual de mais de 213% em 15/08/2015).

As chamadas políticas públicas realizadas com planejamento em longo prazo e competência na gestão criam positivas transferências de renda, que giram o comercio, melhoram a qualidade de vida de populações, melhoram a educação, a prevenção sanitária, a segurança alimentar, aumentam a produtividade pelo emprego de mão de obra mais especializada e melhor qualificada.

Quando não se leva em consideração, o fato de que nenhum governo pode doar algo a alguém que não retire de outro alguém, o déficit acontece e quem tem que pagar o avestruz (não o pato), ao fim e ao cabo, são os mesmos antigos beneficiários, através da perda da renda e do emprego, dentro de um quadro inflacionário e recessivo como se experimenta no Brasil de agora.

"Não existe o almoço grátis. Se alguém está almoçando, alguém está pagando."

~ (Antigo ditado popular anglo-saxão).

Ao pensar em montar um negócio, muitas questões devem ser consideradas e respondidas pelo candidato a empreendedor, antes de qualquer investimento, como alguns exemplos abaixo:

1. Que talentos, vocação ou experiência reúno agora, que poderão ser explorados no ramo de negócios no qual pretendo empreender?

LEIA O LIVRO: DESCUBRA SEUS PONTOS FORTES
https://amzn.to/3j1pJFC

2. Que recursos financeiros ou econômicos mínimos disponíveis posso utilizar para começar (dinheiro, carro, terreno, apartamento, herança etc)?

Procure separar 50% do valor obtido, para a manutenção pessoal, 25% para instalações e outros 25% para o capital de giro inicial.

3. Crédito na praça, crowdfunding (fuja de empréstimos ou financiamentos bancários, como diabo da cruz, agora e sempre que puder).

4. Como elaborar um plano de negócios simplificado e eficaz que possa balizar minhas ações?

Veja mais em: https://www.sebrae.com.br/sites/PortalSebrae/ufs/ap/artigos/monte-um-plano-de-negocio-facil-e-
sim-
ples,17f2850c4d8f2610VgnVCM1000004c00210aRCRD

5. Qual perfil de colaboradores devo empregar?

Quase sempre, no começo de tudo, sua equipe será você mesmo sozinho, ou com um sócio.

Fundamental, neste caso é definir de modo muito preciso o perfil de cada colaborador, para que o processo interno de recrutamento identifique no mercado, o profissional melhor adequado às funções que desempenhará na estrutura do negócio.

Enquanto empreendedor e dono do capital e do risco é mandatório ter consciência sobre o perfil e a capacidade do primeiro empregado, que neste primeiro momento será você mesmo.

Então avalie muito acuradamente, se você próprio reúne os pré-requisitos do perfil exigido para funções executivas de gestor do seu empreendimento.

Mais adiante, quando a empresa mostre a necessidade de repartir atribuições e responsabilidades, e as receitas permitam a absorção do novo custo, aí sim se deve procurar no mercado, colaboradores à altura das exigências do seu negócio, tendo em conta que a partir deste ponto, se começa a criar uma mínima estrutura hierárquica e funcional que deve ser cuidada com muitos critérios de convivência e de expectativas compatíveis com o perfil do colaborador escolhido.

Guardadas as proporções e a história, um simples exemplo, as empresas Disney adotam algo inusitado como critério principal na seleção de colaboradores: contratar sempre, um sorriso e uma atitude.

Nunca devemos considerar as pessoas apenas como "mão de obra", recursos braçais para executar tarefas simples e repetitivas. Para isto já existem há muito tempo, os robôs.

Atribui-se ao escritor russo de ficção científica Isaac Asimov, a paternidade do termo, para rotular um autômato, um androide de estrutura física similar à humana, como um personagem de uma de suas obras: Eu, Robot.

Batizou com a palavra russa ROBOT, que significa operário (mão de obra).

Como tal, estes operários humanóides e autômatos do futuro, deveriam executar tarefas repetitivas, cansativas, monótonas ou perigosas ao ser humano, obedientes a um código de conduta muito simples e binário:

1. Obedecer sempre ao comando do ser humano,

2. Exceto, no caso em que a ordem seja contra a própria vida humana.

(Ler o livro e ver o filme: Eu, Robot de Isaac Asimov)

Entretanto, o empreendedor moderno, competitivo, precisa buscar no mercado, não aqueles que servem apenas para executar ordens, (robôs orgânicos) mas aqueles com capacidade de se comprometer com a empresa e seus objetivos, contribuindo com sua experiência, raciocínio e ideias que contribuam para a sua própria prosperidade e, por consequência, da companhia.

Contudo, é fundamental considerar que qualquer ser vivente, humano ou animal, durante sua convivência social, adquire um comportamento similar ao dos gases, que tendem a expandir-se até ocupar todo espaço disponível.

A solução para os gases é aplicar um vaso de contenção, assim como o botijão de GLP que utilizamos em casa.

Quem nunca testemunhou a birra de uma criança, comandando os pais, ou um cãozinho de estimação latindo para os donos à beira de uma mesa, até que um deles lhes dê a comida inadequada e que muitas vezes, irá lhe fazer mal ao longo do tempo.

Como estamos tratando de pessoas com as quais conviveremos, por pelo menos um terço de cada dia da vida, a melhor providência é iniciar pelo começo:

– Estabeleça um contrato de convivência, no qual as normas estejam obedientes à legislação e disciplinem as relações interpessoais de modo que a convivência entre lideranças e subordinados, contribua para o melhor desempenho das tarefas e principalmente do ambiente harmonioso e feliz dentro e fora da empresa.

– Apresente este contrato a cada novo selecionado, no momento de sua admissão, peça a sua leitura imediata e após isso feito, colha seu compromisso e se ambos estiverem de acordo, assinem conjuntamente o documento, o qual daí em diante se tornará base do relacionamento empresa-empregado e parte integrante do contrato de trabalho.

Esta providência tem o propósito de criar um ambiente saudável entre todos os colaboradores de todos os níveis dentro do negócio.

Tudo isso lembra, ainda que superficialmente, aquela declaração feita pelos cônjuges diante do juiz de paz nos matrimônios, que todos conhecemos.

A principal diferença é que nos matrimônios, se faz verbalmente e no caso deste contrato de convivência, se faz por escrito.

Afinal, o propósito é o mais importante fator para a felicidade. Muitas pessoas atualmente permanecem muito mais tempo casadas com a empresa que com seus respectivos cônjuges.

Ver facsímile de um contrato de convivência em:

Um exemplo interessante sobre comprometimento testemunhei há algum tempo, no cerrado mineiro, numa granja de um amigo que decidira fazer desta propriedade um modelo de sistema autossustentável, com a integração de produção de cereais, frutas e verduras para ração dos animais, criações e abatedouro de galinhas, coelhos, porcos, cabras, vacas, peixes confinados e laticínios.

Numa visita de fim-de-semana, estávamos conversando amenidades como sobremesa depois de um lauto almoço, à sombra e à brisa no alpendre, quando apareceu por lá o agrônomo contratado para as tarefas do projeto, dentre elas identificar uns pontos onde se escavariam alguns poços para irrigação e trato do plantel.

Puxou uma cadeira para si, juntou-se a roda de prosa, se apresentou aos visitantes e em seguida comentou com o dono do projeto: – Seo Pedrão, estou com uma dificuldade tremenda para localizar um bom ponto para cavar o primeiro poço. Neste terreno de cerrado é como achar uma agulha no palheiro. Por mais que eu tente não encontro nada que me sugira a presença de água.

Em seguida, parou de falar e o silêncio de todos reinou no ambiente.

Antes que algum de nós desse um palpite qualquer, o peão mais antigo da granja perguntou: – Dotôzinho me permita atravessar o rumo da prosa, mas, o senhor já perguntou pras formigas onde furar o poço?

Diante da surpresa de todos os presentes, o aturdido agrônomo respondeu-lhe com uma indisfarçável rispidez: – Tá doido Zemané, pensa que eu converso com formiga?

– Não tô doido não Dotôzinho, mas por aqui e pelo mundo afora, os animais nos ensinam muita coisa e eu já estou aqui na granja há bastante tempo pra ter aprendido alguma coisa com eles.

O Pedrão aproveitou uma rápida pausa entre os dois, para reforçar os argumentos do peão: – Dr. Tavares me desculpe, mas é bom você considerar a opinião e a experiência do Zé. Ele tem a sabedoria empírica do caipira, sem nenhuma técnica, mas, na maioria das vezes têm funcionado a contento nestas paragens.

O agrônomo Tavares então resolveu desafiar o peão: – Zé, você que é o sabe tudo deste pedaço, me diga então onde você cavaria este poço?

O Zé se levantou da cadeira, pediu licença a todos e batendo suavemente no ombro do agrônomo, convidou-lhe a acompanhá-lo até uma suave baixada da colina e sugeriu: – Vamos procurar um buraco de formiga que esteja na sombra.

Caminharam um pouco de tempo olhando para o chão seco, até que encontraram um conezinho de terra à sombra. De cócoras, o Zé retirou cuidadosamente com as mãos, a terra da parte superior do cone formado pelas formigas, coletou um pouco daquela terra mais abaixo, e pediu ao agrônomo que abrisse uma das mãos em concha.

Depositou em seguida, aquele punhado de terra na mão do agrônomo e pediu-lhe que apertasse bem forte.

O Dr. Tavares obedeceu à sugestão para em seguida, arregalar os olhos afirmando: – uai, isto está úmido.

O Zé então falou: – Aí, Dr. Tavares, é onde você deve cavar o poço.

Experiência e conhecimento empírico do peão foram muito úteis para encontrar a solução que o agrônomo não encontrara usando apenas a teoria.

Mas, foram o talento e o comprometimento do peão que fizeram a diferença.

Talento é o que importa, tem tudo a ver, porém, com coração e a mente em harmonia. Produzem compromisso.

Enquanto um personagem se deteve na dificuldade, o outro utilizou um recurso disponível, adquirido com sua experiência para superar o problema.

O peão poderia ter permanecido onde estava desfrutando do seu merecido descanso, afinal não fora ele o contratado para a tarefa. Que o Dr. Tavares cuidasse do problema para cuja solução fora contratado.

Mas, como se propunha disponível, esta não foi sua atitude diante do desafio, que ele podia ajudar a enfrentar, por que se não o fizesse e se omitisse, a granja sofreria as consequências da falta de água para funcionar a contento. A verdadeira técnica podia estar com o agrônomo, mas que apesar da formação e do conhecimento adquirido, se detivera diante do problema encontrado, enquanto o peão utilizou seu talento e comprometimento para, através e sua ação no foco do cliente, avançar sobre o problema e aplicar seu conhecimento empírico na solução.

Foco do cliente funciona diferente do foco no cliente, no qual se vê suas carências e aspirações ao longe, como pela lente de uma luneta, como aquelas dos piratas dos filmes. Já no foco do cliente a coisa funciona como se ambos compartilhem as lentes de um mesmo binóculo.

6. Quanto e até quando espero para ganhar o suficiente para manter-me, enquanto prospera o negócio?

7. Quanto tempo diário posso ou devo dedicar-me a este empreendimento?

8. Este negócio pode remunerar o capital empregado, mais do que outras opções do mercado?

9. Quais perspectivas de prosperidade pode ter este empreendimento, diante das circunstâncias presentes e futuras?

Examine detidamente as perspectivas das opções disponíveis e responda uma a uma, pois, alguma atividade que esteja prosperando num dado momento, pode estar condenada ao fracasso num futuro muito próximo.

Cuidado com os modismos. Examine cuidadosamente a sustentabilidade dos novos negócios que apareçam. Exemplos: locadora de vídeo, loja de lingerie, indústria de DVDs, varejo de informática, todos obsoletos em lojas físicas ou já superados pelo e-commerce; paleterias, food trucks, casa de bolos, esmalterias, fried chicken etc... modismos rapidamente saturáveis.

10. Respondidas todas as questões anteriores, aprofunde-se em responder a questão principal e final:

Este negócio se apresenta, agora e no futuro para mim, como MEIO DE VIDA ou MEIO DE MORTE?

Meio de vida, não significa apenas ser a fonte de recursos para sobrevivência, manutenção das obrigações familiares, educação e graduação dos filhos, férias todo o ano.

Isto é apenas o básico. Neste momento, procure entender que este negócio só se justifica, se nos 365 dias de cada ano você possa SER feliz com o que faz como faz e com quem compartilha cada dia, como se fosse o último. (Um certo dia, fatalmente será!).

MEIO DE MORTE: Aquele trabalho que você enfrenta dia após dia com cada vez menos energia vital, exaurida pouco a pouco, dia após dia, por fatores imperceptíveis causados pela falta de identidade com o tipo de atividade, com as pessoas com quem convive fora ou dentro da empresa, ou do stress característico que a atividade apresenta sobre suas crenças, princípios, valores ou por suas características pessoais.

Não se dedique nunca a um negócio que apresente estas nuances e que não apresente perspectiva de prosperidade e felicidade. Afinal somos sempre beneficiários ou vítimas de nossas próprias ESCOLHAS.

Falando em escolhas, nesta fase torna-se necessário buscar alguns recursos virtuais muito interessantes, para necessidades presentes do negócio, que já são encontrados na internet gratuitamente, que lhe ajudarão valiosamente nestes primeiros passos.

15 sugestões gratuitas (e sensacionais) para quem está empreendendo

Quer sugestões de nome para a sua marca ou uma ajudinha

para desenvolver um site? Confira as dicas.

Você está cheio de ideias e planos para empreender, mas logo se depara com pequenos desafios que, no início, parecem barreiras intransponíveis: aqueles serviços difíceis de arrumar e, muitas vezes, custosos, como a criação de um website, identidade visual e até o nome do seu negócio. Mas para todo problema há uma solução. Confira algumas sugestões gratuitas (e sensacionais) para quem quer empreender ou já tem o próprio negócio escolhidas pelo Portal Sociedade de Negócios:

Um nome para sua marca ou negócio

– Naminum

Digite uma palavra que tenha a ver com o seu negócio para o site sugerir alguns nomes para sua empresa. Gere também nomes aleatórios entre 3 e 7 letras. Após a escolha, é possível consultar a disponibilidade do domínio. www.naminum.com

– Wordoid

Este sistema inventa palavras com boa sonoridade e fáceis de pronunciar, sendo, portanto, boa opção para nomear marca ou produtos. www.wordoid.com

– Impossibility

Adicione adjetivos, verbos ou substantivos ao começo ou final de uma palavra de sua escolha. O site irá gerar diversos nomes com domínios ainda não registrados. www.impossibility.org

– Lean Domain Search

Ajuda você a encontrar um nome de domínio curto para o seu site em apenas alguns segundos. O domínio pode ser criado com a palavra que você quiser. www.domainr.com

–   The Name App

O site ajuda usuários a descobrir um domínio disponível para o nome da sua startup, inclusive nas redes sociais. www.thenameapp.com

Websites, logos e hospedagem

–   HTML5 UP

Encontre diversos templates responsivos e customizáveis com plataformas HTML5 e CSS3. html5up.net

–   Wordpress

Crie seu novo site gratuitamente com as ferramentas do próprio Wordpress. wordpress.org

–   Withoomph

Preencha apenas o nome da empresa e a descrição do seu negócio com palavras-chave. A partir disso, o site gera diversos logos diferentes que podem ser customizados posteriormente mudando a cor e a tipografia. withoomph.com

–   Hipster Logo Generator

Crie um logo hipster com a ajuda dessa plataforma, que oferece diversos elementos para você fazer diversos testes de como quer a sua identidade visual. hipsterlogogenerator.com

–   Hive

Serviço ilimitado de armazenamento em nuvem de fotos e coleções digitais. www.hive.im

Encurtadores de links

–   Bit.ly

Além de encurtar seu link, permite que você customize seu nome. Com cadastro é possível ter acesso ao número de cliques que o link recebeu e onde ele foi compartilhado. www.bitly.com

- Migre.me

Um dos mais populares sites brasileiros de comprimir links oferece a possibilidade de consultar links suspeitos. www.migre.me

- Yourls

Fornece estatísticas de tráfico, de que parte do mundo vem os acessos, de quais redes sociais o link está sendo clicado e o número de compartilhamentos e cliques que a url encurtada recebeu. www.yourls.org

- Is.gd

O serviço permite que você gere um QR code para o link encurtado. www.is.gd

- Know url

Serviço que vai na contramão dos demais, permite que você descubra a url por trás de um link já encurtado. Saber onde se clica inibe a ação de vírus. www.knowurl.com

CAPÍTULO 6

Escolhendo o caminho mais bonito

Q uando tenha que decidir-se por iniciar qualquer caminhada, escolha sempre o caminho mais bonito e aquilo que lhe fará mais feliz, como orienta o zen-budismo.

Seguramente a vivência do ambiente no caminho escolhido produzirá um resultado muito melhor.

No Reino Unido, o economista Paul Dolan, de 47 anos é conhecido como o guru da felicidade. Professor de ciências comportamentais na prestigiosa London School of Economics, e autor de Felicidade Construída dedicou a última década estudando o que faz com que pessoas se sintam felizes. Lá desenvolveu métodos de pesquisa para avaliar o bem-estar dos cidadãos, cujos dados são utilizados atualmente pelo governo britânico para embasar políticas públicas.

Saiba mais em http://www.objetiva.com.br/ livro_ficha.php?id=1575

Destaco um trecho de uma interessante entrevista dele a Fernanda Allegretti da Veja, a seguinte pergunta:

Quais são os benefícios da felicidade?

As pessoas felizes são mais produtivas, mais saudáveis, ficam menos doentes, são mais sociáveis, ajudam mais aos outros e vivem mais.

Há pesquisas que mostram que este estado de espírito pode resultar em um aumento de até seis anos de vida.

Saiba mais em http://veja.abril.com.br/acervodigital/home.aspx

Edição 2434 – ano 48 – no 28

Tenho um amigo, cuja empresa é muito próspera, goza de muito boa reputação no mundo do luxo onde opera, se relaciona com pessoas de alto nível intelectual, econômico e social, mas, devido a certas particularidades estressantes, mas típicas deste negócio, vive permanentemente à beira de um ataque de nervos, por que tenta suprir todas as deficiências e riscos de seu modelo de gestão, concentrando o máximo das ações sob suas rédeas. Não confia, não delega.

Quando os seus filhos chegaram à idade de conviver mais profundamente com o negócio e preparar-se para sucedê-lo, procurou ter com eles e sua esposa, uma reunião muito amigável sobre a ideia de algum dia, ambos ou algum deles assumir a direção da empresa.

Ouviu do mais novo: – Pai, por favor, me deixe fora desta fria.

Do mais velho: – Por que você não passa esse negócio adiante e vai fazer algo que lhe dê algumas alegrias, antes que isto lhe mate do coração?

Da esposa: – Os garotos têm razão, eu não pretendo ser viúva tão cedo.

No fundo, tudo é uma questão de bom senso.

Mas, cuidado!

René Descartes (1596/1650), no prólogo do Discurso do Método, escreveu que o bom senso é a coisa mais bem distribuída do mundo. Todo mundo acha que tem.

Um acontecimento muito curioso ocorreu com Descartes, em uma noite de 1619: ele sonhou com a visão organizada de um novo método científico.

Como efeito deste sonho, em 1637, dezoito anos transcorridos, veio a descrever:

Os 4 preceitos fundamentais para se chegar a conclusões verdadeiras, aceitos até os dias de hoje:

1. Duvidar de tudo. Principalmente do noticiário destes nossos dias, atualmente dominado por nada mais que duas dezenas de agências internacionais independentes, fornecedoras de notícias para o mundo inteiro e que são fontes influenciadoras das massas, para alcançar seus interesses midiáticos.

Esta rede e mais as redes sociais, se encarregam atualmente de suprir sua mente de muita coisa útil e também de inutilidades, devastadoras de seu tempo, na vida social e no trabalho.

O tempo de cada um de nós é o único patrimônio que recebemos, distribuído igualitariamente entre todos os seres da Terra. Por isso aprenda a separar aquilo que possa ser uma ferramenta poderosa para sua prosperidade e a descartar o lixo que lhe suga as energias intelectuais e até vitais.

Ninguém mais pode ficar alheio ao todo ou parte do que está acontecendo a cada instante mundo afora, mas, podemos dividir esta overdose em menos e menores gotas. Já notaram que se você assistir aos noticiários durante um dia inteiro, verá as mesmas notícias repetidas vezes por toda a programação?

Melhor não terminar o dia em pânico. Não conceda para ninguém, muito menos ao noticiário, o poder de você aproveitar ao máximo, o dia que sempre nasce tão promissor, ainda que chuvoso.

Se for assim, porque não deixar para assistir apenas ao primeiro noticiário de cada dia, para em seguida agir com a fleuma britânica daquele industrial, que ao saber, no fim da tarde de um domingo, que na sexta-feira passada, sua indústria havia sido destruída por um poderoso incêndio: "Vou me preocupar muito com isto na próxima segunda-feira"!

Procure nunca se preocupar, mas, apenas se ocupar do fato, como no exemplo anterior. As boas e as más notícias sempre lhe chegarão mais hora, menos hora.

A não ser que você seja um operador da bolsa de valores, ou tenha medo de assombração, nada importante vai mudar em sua vida, que não possa esperar seu merecido descanso, até a manhã seguinte.

Conselho de um amigo muito sábio: descansar, antes de cansar!

2. Dividir problemas e questões em pequenas partes.

"Divide et impera" Júlio Cesar.

Dividir para dominar, assim seu poder sobre um assunto aparentemente insolúvel a primeira vista, o transforma de complexo em simples, assim que dividido em partes menores.

Costumo dizer que qualquer ser humano carnívoro, consegue comer um boi. Em bifes de 200g, diariamente, durante oito anos.

Assim como ler toda uma enorme obra literária clássica, como Guerra e Paz de Leon Tolstoi. Em capítulos, dia após dia.

3. Resolver primeiro as questões mais fáceis. Imagine-se prestando um concurso, ou numa prova de seleção de emprego. O tempo-limite determinado, será melhor aproveitado se as questões mais fáceis forem atacadas primeiro, assim sobrará tempo para se dedicar às que consumirão mais atenção durante o teste.

Imagine um novo projeto e seus riscos sobre os resultados para a empresa. Se for adotado tal critério e distribuídas as tarefas entre os mais competentes especialistas; tudo ficará mais simples. Embora simples, não queira significar fácil.

Este critério tem grande valor para processos de eleição de prioridade, fator de crucial importância nos processos de gestão dos negócios.

(Ver no capítulo 14: Matriz de Eisenhower)

4. Fazer revisões para nada omitir. Além de revisar tudo e sempre, pois a cada revisão se podem notar erros, faltas ou excessos, torna-se fundamental, além de revisar, REGISTRAR em meio apropriado, causas, efeitos e soluções empregadas, para evitar-se reincidências, retrabalhos e custos invisíveis dentro do negócio.

CAPÍTULO 7

Reinvenção criativa

S e você já tem um negócio: REINVENTE-O!

"Aprenda a desaprender"

~ *Lucio Sêneca (4 aC-63 dC)*

Toda e qualquer empresa, por melhor administrada que seja, passa por um processo denominado curva ABC de crescimento.

Sendo o ponto A, como o do início das atividades, o B, como o tempo dado (ou médio) da existência e o C, como o ponto futuro estimado.

Note no esquema, que num período dado de tempo, o gráfico mostra uma curva ascendente até B e depois uma descendente até o ponto C.

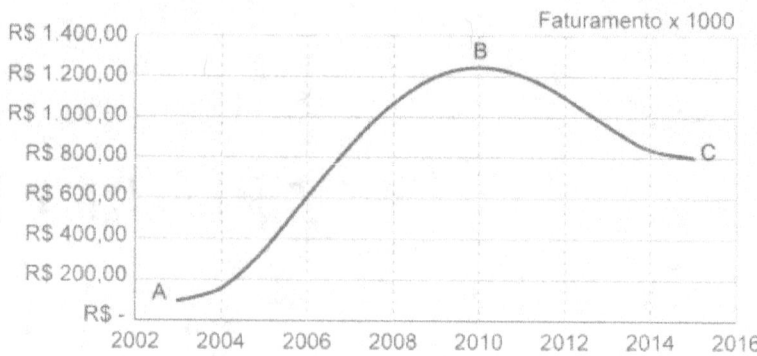

Isto significa que todo negócio para perpetuar-se precisa periodicamente injetar ânimo novo na gestão para que, a partir do ponto B se possa criar uma nova curva de desempenho da empresa, sem a qual, começará uma trajetória natural de decadência.

Reinventar um negócio significa tomar a decisão de acelerar as turbinas para erguer a aeronave a uma nova rota de prosperidade, o que se faz com novas técnicas, capital humano e financeiro adequados, ainda que mínimos, comumente representados por capital de giro imobilizado em estoques ou por serviços não adequadamente oferecidos ao mercado.

Deste modo a partir de sua tomada de decisão assim como fez o Paul no Zimbabue, mudará o rumo dos eventos futuros de sua empresa e por consequência em sua vida e de seus colaboradores.

Reinventar um negócio é algo que exige muito desprendimento. Desapegar-se de velhos hábitos, métodos pouco produtivos, crenças equivocadas ou fora do tempo, criatividade esgotada, são cracas difíceis de arrancar do casco.

Numa recessão, como na vida, quanto mais tempo se perde em reconhecer o mal que nos aflige, pior e mais arriscado será o tratamento, pois dependendo do estágio da moléstia, se porventura a aplicação do remédio for tardia ou superdosada, poderá até matar o paciente.

Que fazer então?

1. Reconhecer o mais rápido a ameaça.

2. Procurar ajuda competente.

3. Atacar o mal imediatamente.

Concentre-se no que Goethe afirmou há mais de 300 anos atrás:

"Para todo aquele que pode, ou pensa que pode, começa-o já"

Muita gente, diante de problemas como os mencionados, teima em continuar procurando as soluções apenas num mesmo lugar mais claro, repetidamente, mesmo que infrutíferas vezes.

Todos nós já vimos aqueles porquinhos da Índia (hamsters) utilizados nos mafuás, quermesses e parques de diversão das festinhas do interior, Notaram que eles entram apenas uma vez em cada cubículo? Eles nunca voltam para onde não acham o que procuram.

Muitos de nós humanos nos queixamos do insucesso, não porque cometemos erros, mas como desculpa, por não termos sido bafejados pela sorte ou por culpa de alguém, ou do governo.

A queixa é um recurso do comportamento humano, absolutamente inútil, é uma falácia que não produz nenhuma consequência prática e muito menos, benéfica, isto por não obedecer a nenhuma estrutura lógica.

Nos queixamos, na maioria das vezes de modo errado ou para orelhas erradas, de quem não tem nenhum poder para resolver nossos problemas: "Fulano vive descumprindo as normas de comunicação com o cliente, não sei o que será dele, quando o nosso chefe descobrir".

Ao passo que reclamações sim, têm uma estrutura lógica, com começo, meio e fim, como a seguir:

1. Você agiu em desacordo com o pactuado.

2. Produziu um dano (descrever) ao negócio (ou a nossa relação).

3. Portanto, deve ressarcir a empresa (ou à pessoa) pelo dano, nesta oportunidade.

4. Fique sabendo que da próxima vez que tal atitude acontecer de sua parte, você será punido, a depender da gravidade, com até a perda de seu emprego (ou com o fim da relação).

CAPÍTULO 8

O empreendedor
e a boa sorte

T odos costumamos considerar que o fator sorte, é um componente nada desprezível na trajetória de uma pessoa ou de uma empresa bem sucedida.

Em alguns momentos, fatores aleatórios, uma aparente casualidade, podem até contribuir sim, para a realização de negócios importantes na trajetória de um empreendimento que nem estavam no horizonte planejado e que podem projetá-lo a um novo patamar de prosperidade.

Contudo, quando se trata de estudar a trajetória de algum empreendedor muito bem sucedido, só a casualidade não é suficiente para explicar e manter o sucesso.

É comum descobrir que prosperidade, quase nunca resulta da casualidade, mas, por CAUSALIDADE!

É necessário analisar e perceber que de fato, se trata de algo muito melhor, mais poderoso e duradouro que apenas sorte, mas algo perene: A BOA SORTE (que não significa a mesma coisa), mas que contém uma sutil e poderosa diferença, como veremos a seguir.

Este manual segundo as regras da boa sorte

– Primeira regra da Boa Sorte

A sorte não dura muito tempo, porque não depende de você.(Por que será que as loterias, bingos, cassinos também são conhecidos por jogos de azar, e não jogos de sorte?).

A Boa Sorte é criada por você mesmo, por isto dura para SEMPRE. (Tudo que você imagina, se concentra, cria, conhece, confia, cuida, corrige, inova, durará para sempre).

Dentro de um processo recessivo, é quando aparecem as melhores oportunidades para se começar ou reinventar um negócio, porque os "donos do mercado" tomam decisões ortodoxas em própria defesa, que deixam flancos ou mesmo frestas abertas ao mercado por onde sua empresa pode penetrar, com um novo modo de operar, produzir, atender, fidelizar.

Neste caso, cito como exemplo e especificamente dois fenômenos decorrentes de medidas econômicas recentes, que produziram um grave desequilíbrio na concorrência natural dos mercados: O programa FARMÁCIA POPULAR que super incrementou o crescimento de grandes redes de farmácias, em prejuízo de pequenos empreendimentos locais do ramo, assim como o Programa MINHA CASA MELHOR com incentivo ao crédito subsidiado, barato e fácil para os beneficiários do MINHA CASA, MINHA VIDA, hipertrofiaram o crescimento das grandes redes de móveis e eletrodomésticos, em detrimento das pequenas lojas do ramo.

Atualmente, esta hipertrofia está se revertendo e muitas lojas deficitárias das grandes redes, estão encerrando suas atividades.

Quem sabe está na hora de empreendedores criativos ocuparem espaços nestes segmentos, por exemplo?

Se você já tem ou ainda não tem um negócio operando, procure descobrir de que modo pode melhorar sua percepção do momento econômico no qual está vivendo, assim como acontece, quando está indo de carona durante a ida ao destino ou de volta para casa.

Pelo simples fato de estar sentado numa posição e ângulo diferentes da rotina, passa a perceber diversas coisas, que não mais via, quando permanecia conduzindo no modo automático, no mesmo trajeto de sempre.

Mudar o ângulo de visão nos negócios nos permite passar a enxergar oportunidades imperceptíveis, a partir do momento em que passamos a atuar no ponto de vista e no FOCO DO CLIENTE. Isto é diferente de como algumas empresas afirmam atuar com o foco NO cliente.

Pode perceber a diferença?

Quando você está operando com o foco no cliente, sua percepção é diferente da dele, é como se você estivesse olhando para o cliente a distância, através de uma luneta como aquelas que se vêm nos filmes de piratas.

Entretanto, para que você possa começar a enxergar o mesmo ponto de vista dele, terá de estar ombro-a-ombro com ele, assim como pudesse estar compartilhando uma das lentes de um mesmo binóculo, só assim sua perspectiva se aproximará ao máximo daquela do seu cliente.

Isto facilitará enormemente a comunicação e a empatia entre ambos, gerando confiança e resultados extraordinários para ambas as partes.

Por acaso já se colocou atualmente sob a perspectiva de quando ainda era uma criança, diante da cadeira e da mesa na qual tomava diariamente o café da manhã, o almoço ou o jantar?

Não havia nada ali que estivesse adequado ao seu tamanho. Desde a cadeira que tinha de escalar para alcançar a mesa, a distância da mesa e tamanho desproporcional dos utensílios e talheres, que tinha de utilizar-se para comer, ou se esqueceu como era a coisa quando contava com três ou quatro anos de idade?

Seus amorosos pais, seguramente escolheram a melhor e mais confortável cadeira disponível no mercado, pois estavam atuando com o foco NO cliente (você). Ainda assim não eram capazes de perceber as dificuldades que você enfrentava dia após dia, para subir e descer daquele obstáculo entre seu apetite e a comida.

Por tais razões, você e os seus clientes precisam e devem compartilhar os mesmíssimos cenários e desafios. Vendo ambos, a mesma cena real a partir das mesmas lentes.

– Segunda regra da Boa Sorte

Muitos são os que querem ter Boa Sorte, mas poucos são os que se decidem a ir a sua procura.

Aqui cabe como exemplo, aprender com um caso verídico, acontecido numa das gigantes da indústria automotiva mundial:

Numa destas recessões mundiais cíclicas, uma grande indústria de autos alemã, de grande reputação, começou a perceber que a sua comunicação com os seus usuários não estava mais resultando em crescimento dos negócios, principalmente no publico menos conservador e mais jovem, que começava a migrar para outras marcas alemãs e japonesas também dotadas de tanta ou até melhor reputação tecnológica, mas que ofereciam um ou outro apelo melhor motivador ao mercado. Depois de algumas pesquisas, sua agencia de publicidade descobriu que seu slogan "O veículo melhor fabricado no mundo" já perdera a força diante dos avanços tecnológicos das demais marcas, e este enunciado não surtia mais o mesmo efeito de antanho sobre os mercados.

Depois de muito insistir sem êxito, para reposicionamento e uma mudança do slogan junto à diretoria da empresa, a agência de propaganda produziu um sketch de teatro, buscando com este recurso cênico convencer ao conservador "board" da marca, a mudar o antiquado slogan e consequentemente melhorar a sua imagem no mercado.

A produção da peça consistia apenas de um palco às escuras, com um poste no centro, de onde uma solitária lâmpada lançava um forte facho de luz no piso do palco.

Um mímico, então entrava e passava a percorrer em círculos, todo o espaço iluminado ao som de uma suave e conhecida música de fundo.

A seleta plateia em silêncio e ao mesmo tempo ansiosa, se remoía nas poltronas, tentando imaginar o que poderia significar aquela cena, até que de repente, outro personagem surgiu da escuridão e perguntou ao mímico:

– Olá amigo, pode me dizer o que está fazendo?

– Procuro as chaves do meu carro, respondeu o mímico.

– Tem certeza que as perdeu por aqui?

– Não, não tenho! Foi a resposta.

– Por que então você está procurando há tanto tempo apenas dentro desta área?

– Óbvio, meu caro, porque aqui é onde está claro.

MORAL: Se você procurar o óbvio encontrará o óbvio, se procurar apenas onde está claro e não avançar sobre o terreno incerto, também.

Com este impacto, a agência conseguiu convencer a diretoria a renovar-se com o novo slogan Sacrifice Nothing (Não sacrifique nada), o que levou a indústria, também a não sacrificar nada ao inovar em sua linha de produtos, mostrando ao mercado que aquilo que a marca passou a oferecer, além da tradição, oferecia algo melhor e diferente, agregava mais valor ao produto, aos seus usuários e à própria marca. Sucesso tanto entre seu público tradicional e principalmente entre os mais jovens, o novo público desejado.

Uma das Leis de Murphy estabelece que: "Você sempre encontrará o que procura, no último lugar em que procurar".

Não necessariamente onde estiver claro.

– Terceira regra da Boa Sorte

Se agora não tens boa sorte, talvez seja porque as circunstâncias sejam as mesmas de sempre.

Para que a Boa Sorte chegue, é conveniente criar novas CIRCUNSTÂNCIAS.

É mesmo inexorável, que à medida que o tempo passa, vamos nos acomodando com o panorama onde vivemos e trabalhamos, e que os hábitos nos produzam um tipo particular de cegueira progressiva e imperceptível, porque avança a conta-gotas, nos confinando pouco a pouco à nossa mortífera zona de conforto. Chamamos a isto de síndrome do sapo cozido.

Os batráquios são dotados de uma enorme capacidade de adaptar a temperatura de seu corpo à do ambiente.

Deste modo, se alguém confinar um sapo em uma panela com água fria e acender um fogo sob ela, o sapo lá dentro, se adaptará paulatinamente ao calor gerado, até morrer cozido.

Lembro-me de uma experiência vivida há alguns anos atrás, ao comprar algo numa loja de varejo, quando ao pagar a compra, notei na parede atrás do caixa, um grupo de cartazes que diziam: NÃO trocamos mercadorias aos sábados; outro: NÃO trocamos roupas brancas; outro: NÃO aceitamos cartões de crédito; outro mais: NÃO aceitamos cheques.

Tantas limitações e negativas me fizeram sentir como um intruso no ambiente, mas, como já havia realizado a compra, resignei-me a pagar em espécie.

Depois de pagar, ousei perguntar a uma das donas do estabelecimento, porque tantos NÃOS nos cartazes.

Ela me respondeu de chofre com outra pergunta:

– O senhor já esteve por aqui num sábado, para ver se há condições de atender a clientela e ainda trocar mercadorias? Roupas brancas voltam sempre sujas e não temos como lavar o produto para repor nas prateleiras. Cartão de crédito me custa muito caro, a taxa de administração reduz muito minha pequena margem de lucro. Cheques são sempre um risco de calote ou de difícil resgate.

Depois destas justificativas, quase que me ofereci a orientar uma mudança nos cartazes, para dizer a mesma coisa de um modo mais simpático, assim como:

• Trocamos mercadorias todos os dias, exceto aos sábados.

• Use nosso provador antes de comprar roupas brancas, pois ao sujar-se não poderemos vendê-las para outro cliente, ou para você mesmo.

• Seu cartão de débito é bem-vindo, pois lhe damos desconto igual ao do preço à vista.

Mas, dando uma olhada em volta e na cara de poucos amigos da dona da loja, preferi fazer estas sugestões num cartão de visitas e deixá-lo dobrado, sutilmente, com a jovem do caixa.

Será que sugestões como estas poderiam inspirar-lhes uma, pequena que fosse, mudança da circunstância e deste modo, melhorar a empatia com a clientela a partir de uma simples atitude mais simpática?

Gostaria de saber quanto prosperou aquela empresa, desde aquela data até agora.

– Quarta regra da Boa Sorte

Preparar circunstâncias para a Boa Sorte, não significa buscar apenas o próprio benefício. Criar circunstâncias para que outros também prosperem, atrai a Boa Sorte.

Veja a diferença, neste outro caso ocorrido com o proprietário de uma grande panificadora, dotada de uma seleta clientela de famílias vizinhas e também empresas do ramo de restaurantes e redes de hotelaria.

Ele se via obrigado a utilizar-se de um furgão para realizar entregas entre as 6 e 11 horas da manhã.

Durante o resto da jornada, o veículo permanecia estacionado e sem utilidade, nas ruas ao redor de seu estabelecimento.

Isto lhe obrigava a ser, além de dono da padaria, um mero entregador de pães, entre outras funções (devia ser o funcionário mais caro de sua empresa), se afastando do caixa e da gestão do estabelecimento e da presença dos clientes, pelas principais horas de funcionamento da padaria e da cafeteria.

Quando a prefeitura instalou o serviço de parquímetro no seu bairro, ele passou a se queixar a todos, que aquilo gerara uma nova dificuldade para ele, qual foi o aumento do custo do estacionamento, antes gratuito, ou então optar por estacionar sua van em local muito distante, onde não havia parquímetros.

Por outro lado, outra providência da prefeitura foi instalar uma praça de taxis bem em frente ao seu estabelecimento, o que se apresentava como uma facilidade para os clientes da padaria e dos taxis, como também um benefício para o negócio dele ao atrair os taxistas para consumir seus produtos. Isto lhe permitiu observar de perto a rotina dos condutores, que das 6 às 11 horas tinham pouca frequência de passageiros naquele ponto.

De conversa em conversa durante os cafezinhos com os taxistas, um deles lhe sugeriu, que poderia negociar com ele um serviço de entregas, durante o período de pouca demanda dos taxis. Desde que ele lhes assegurasse uma exclusividade, lhe cobraria uma tarifa fixa e especial.

Sem saber, o taxista estava praticando um conceito muito moderno de serviço, usado em muitas atividades de transporte em países da Europa e nos Estados Unidos: o sistema Pay-per-use (pagar pelo uso).

O dono da padaria, ainda que meio incrédulo, topou experimentar aquela ideia que logo se provou muito produtiva para ambos. Desde o início e a partir da prática bem-sucedida desta simples mudança, e em consequência disto, o dono da padaria vendeu o furgão, investiu o dinheiro, antes imobilizado, na melhoria da produtividade do negócio, se livrou dos custos de manutenção, licenças, registros, multas que sempre incidem sobre os veículos, e principalmente de uma desvalorização de 50% do valor do utilitário aos dois anos de uso, mas o principal benefício foi que ele passou a se dedicar e a conviver melhor, com a sua crescente clientela do café da manhã.

Aquilo que se apresentara à primeira vista como um problema, em segunda análise, se transformou numa solução muito simples, criativa e duradoura com corte de despesas, aumento de produtividade e propulsão personalizada do negócio.

Uma boa ideia é buscar no bairro, região, cidade ou municípios vizinhos, atividades complementares do seu negócio, como novos prestadores de serviço ou indústrias que possam ser seus fornecedores, apresentando novas opções de produtos, faixas de preços mais competitivas e até, por que não, maiores margens de lucro?

Deste modo, ainda aproveitar-se com vantagens mútuas, dos ganhos de escala para a indústria, redução de custos e tempo de transportes para o varejo.

Lembre-se "todo movimento gera custos".

Que tal juntar um grupo de varejistas de sua rua ou bairro, que não sejam concorrentes entre si, mas, complementares, para compartilhar o custo de uma ampla pesquisa qualitativa junto aos clientes, para descobrir o que eles ainda não sabem que querem e oferecendo-lhes uma gama específica de produtos ou serviços, que os satisfaçam e que todo o grupo de empreendedores possa atrair e fidelizar?

Isto é uma ação característica e típica do novo modelo de economia compartilhada.

– Quinta regra da Boa Sorte

Se deixares para amanhã a preparação das circunstâncias, talvez a Boa Sorte nunca chegue.

Criar circunstâncias requer dar um primeiro passo. Dá-lo agora!

"O universo me responde quando oro e o mundo se move, quando me movo". Yamaguchi: Fundador da Seicho-no-Ye

A procrastinação é um hábito dos mais danosos à prosperidade de alguém ou de um grupo de pessoas. O pensamento de Yamaguchi nos remete a uma profunda reflexão.

O poder da fé aguça a mente para preparar sua atitude para enfrentar os desafios, mas, se você apenas fortalecer a mente, mas, não se erguer para agir em direção aos seus objetivos e metas, o mundo não permanecerá esperando por sua boa ação e por mais que ore, nada se moverá em seu favor.

Desperte para vencer e faça por merecer a graça de estar vivo, para cumprir sua missão.

"Eis aqui uma pergunta para que descubra se sua missão na terra está cumprida: Se você está vivo, esta ainda não está cumprida". Richard Bach (autor de Fernão Capelo Gaivota e outros êxitos)

"Não devemos esperar pela inspiração para começar qualquer coisa. A ação sempre gera inspiração. A inspiração quase nunca gera AÇÃO." Frank Tibolt

– Sexta regra da Boa Sorte

Ainda que sob circunstâncias aparentemente apropriadas, mesmo assim, às vezes a Boa Sorte não chega.

Busca então nos pequenos detalhes, circunstâncias aparentemente despercebidas, porém, imprescindíveis.

"O segredo de um grande negócio, consiste em saber algo mais, que ninguém sabe".

~ Aristóteles Onassis (famoso armador grego na década de 1950)

Aconteceu comigo. Tive a providencial ideia de fazer uma cerca viva no jardim de minha casa, escolhi o tipo de planta arbustiva e florífera que desejava. Num sábado fui à floricultura e me orientei com uma gentil atendente que me indicou levar algumas mudas já desenvolvidas, terra vegetal, adubo e defensivos.

Já antevendo na mente o panorama que ainda iria construir, trabalhei alegremente por todo aquele fim-de-semana como um feliz entusiasmado e depois, dolorido jardineiro amador.

Segui meticulosamente as orientações de regar e cuidar diariamente do jardim, mas, pouco a pouco fui notando que as plantas não progrediam, apesar de toda minha diária dedicação matinal.

Telefonei para a gentil atendente que me orientara quanto às mudas e tudo o mais, e lhe passei o problema. Ela então me transferiu para falar com o jardineiro do estabelecimento, que muito solícito se ofereceu para fazer-me uma visita ao local da plantação. Era um sábado e aproveitei para passar e buscá-lo após o meio-dia quando se encerrava seu expediente.

Chegando ao local do meu jardim, logo ao descer do veículo, ele questionou: – São estas as plantas das quais me falava? Ao ouvir o meu sim, passou logo ao diagnóstico: – Estas plantas precisam de muito sol pela manhã, e não estão tendo, por isso não estão prosperando.

Ele então sugeriu duas alternativas: trocar todas as plantinhas, ou podar radicalmente uma grande árvore que sombreava por toda a manhã a cerca-viva que eu plantara com toda a dedicação.

Aquele pequeno detalhe, abrigava uma circunstância aparentemente despercebida, porém imprescindível para a prosperidade de minha cerca viva, a qual depois da poda da árvore, adquiriu uma força e um crescimento impressionantemente saudável.

O mundo dos negócios atualmente passa por um processo de padronização, o que se pode notar quando se vai a um supermercado, uma loja de eletroeletrônicos, a um construcenter ou concessionária de automóveis. Apesar da variedade de marcas e modelos, os produtos de cada segmento são em essência, praticamente os mesmos. As apresentações dos produtos são numa mesma gama padronizada de formatos; as capacidades dos motores dos carros, as embalagens de alimentos, as dimensões dos pisos e azulejos, observam padrões de tamanhos, pesos e potências, similares entre todos os concorrentes.

Como então, seguir o conselho do Onassis?

Aguce a percepção de todos os seus sentidos, até descobrir através do mais eficiente em cada caso, aquele que lhe mostrará a circunstância apropriada.

A percepção de onde se encontra a entrada oculta através de uma intransponível muralha, passa por mudanças de perspectivas, ângulos de visada etc.

Quem viu o filme; Indiana Jones e a Última Cruzada, nunca esqueceu a cena em que o personagem-título precisava urgentemente atravessar um penhasco para salvar seu pai que estava moribundo do outro lado e, no desespero final, sem ver um recurso sequer para atravessar, levanta o pé sobre o vazio para de repente ao baixá-lo, tocar em algo sólido. Em seguida, mudando seu ponto de vista, pôde notar a ilusão de ótica que escondia uma ponte de rochas que atravessava o penhasco, até onde se encontrava o seu pai. Ponte que o herói não percebera, por que do ângulo de onde olhava, as rochas criavam uma ilusão de ótica natural, evitando que alguém sequer tentasse passar para o lado oposto.

Os antigos guerreiros Ninja utilizavam uma milenar técnica para a amplificação dos seus sentidos: quando um dos sentidos não atendia à necessidade premente em um dado momento, transferiam a tarefa para outro sentido. Assim quando a visão se apresentava inútil e já não detectava a ameaça iminente, como na escuridão ou num ambiente camuflado, fechavam os olhos para ampliar a audição ou o olfato, o tato ou o paladar, à sua vez.

Deste modo superavam o perigo, utilizando melhor o poder contido nos seus demais sentidos, utilizando os mais adequados para cada circunstância, para vencer o obstáculo ou a um inimigo.

"Saber algo mais, que ninguém sabe, requer o esforço inteligente e sutil, para descobrir aquilo que o cliente ainda não sabe que quer."

Pense seriamente nisso e aja no sentido de lançar sementes novas em negócios existentes, ou em novos negócios dentro do campo fértil de atividades sob seu domínio.

Não disperse sua energia, atirando a esmo. Concentre seu melhor sentido para cada ocasião ou oportunidade.

Não caia no canto de sereia dos modismos que, muitas vezes, são até boas ideias, mas estão em ramos de negócios que você desconhece as nuances, as manhas, os macetes.

No entanto, não devemos fechar os olhos e ouvidos às boas ideias que existem dentro do seu campo de atuação, ou mesmo fora deste como por exemplo, Chester Carlson o inventor da copiadora Xerox, não era engenheiro. O inventor das turbinas e do Lear Jet, era médico.

É razoável supor que, em geral, as suas chances de sucesso se ampliam exponencialmente quando se domina qualquer atividade, ao contrário de quando alguém se aventura em negócios, para os quais se tem que começar literalmente do zero. Mas uma coisa não elimina a outra.

Recentemente, ouvi numa entrevista na TV, a interessante definição do dono da rede de churrascarias FOGO DE CHÃO, um retumbante sucesso nos Estados Unidos, onde cresce a índices impressionantes.

Perguntado sobre a razão deste sucesso, respondeu que além da excelente qualidade das carnes oferecidas e da excelência no atendimento, o diferencial estava mesmo no modelo de serviço em rodízio, que considera algo genial, pois é relativamente barato naquele mercado e que este é um excelente e inovador sistema de alimentação fast food, de carnes no espeto.

Confesso. Nunca havia percebido esta sutil característica deste tipo de negócio.

Em outra escala, a rede FOGO DE CHÃO é como o Mc Donald das carnes assadas na brasa.

– Sétima regra da Boa Sorte

Para os que só creem no azar, criar circunstâncias, lhes resulta absurdo. Estes que só creem no azar, paradoxalmente, se acreditam protegidos numa absurda e falsa zona do conforto, ainda que esta zona esteja em demolição acelerada. Não veem motivo para enfrentar o risco de uma experiência nova fora dela.

Pensam como o suicida que saltou do Burj el Califa em Dubai. "Estou passando pelo 127º andar e ainda não aconteceu nada de mal". Sem atentar para a velocidade com que o solo se aproximava dele.

Aos que se dedicam a criar circunstâncias, o azar não lhes preocupa. Sabem que, como no antigo refrão popular, quem não arrisca, não petisca!

No tempo em que começaram a aparecer os primeiros automóveis, havia uma competição acirrada entre as carruagens a cavalo e as SEM CAVALO de modo tal que, na Inglaterra, uma Lei obrigava que um automóvel fosse sempre precedido por um cavalo e seu cavaleiro, portando uma lanterna acesa numa das mãos.

Neste ambiente conservador, dominado pelos fabricantes das carruagens a cavalo, com grande poder e influência sobre os governos para os quais recolhiam impostos, as perspectivas de sucesso com carruagens sem cavalos, poluentes e barulhentas, pareciam muito desfavoráveis.

Do mesmo modo, como se passa hoje em dia com os veículos elétricos, sob forte concorrência com os movidos a combustíveis fósseis, poluidores e controlados mundialmente pelas sete irmãs do negócio do petróleo.

Muitos pioneiros que fabricavam automóveis pelo mesmo processo construtivo das carruagens foram saindo da competição e foram à quebra, incluindo Henry Ford.

O automóvel só triunfou definitivamente quando Ford com toda sua persistência substituiu o método produtivo anterior, de construção individual lenta e cara, introduzindo o inovador sistema de produção em série, que havia copiado, de modo invertido, de uma linha de abate (desmontagem) de reses, que vira num matadouro frigorífico.

A indústria cerâmica, no mundo inteiro é uma atividade de aplicação intensiva de capital, onde se investem valores muito altos em equipamento e tecnologia no processo produtivo.

A Europa é uma região tradicionalmente produtora destas mercadorias e de muito da tecnologia correspondente.

Até um determinado tempo, cada uma das indústrias contava com sistemas produtivos verticalizados, o que equivale a dizer que cada fábrica dispunha desde as minas e os moinhos de argila, até os empacotadores dos pallets para entrega ao mercado.

Até que por uma conjugação de exigências legais sobre fatores como contaminação ambiental, insalubridade dos operários e vizinhança, ou produtividade dos equipamentos, alguém teve a ideia de criar uma empresa de beneficiamento e padronização de argilas para atender a um importante polo produtor cerâmico.

Algumas empresas então se associaram e criaram uma indústria beneficiadora que passou a processar as receitas de argila de cada cerâmica associada e posteriormente para todas as que demandassem seus serviços, entregando-lhes a argila certa, na pontualidade mais adequada à produção, sem que os fabricantes tivessem de ocupar custosas áreas de terreno, apenas para guardar terra.

O ativo imobilizado do novo negócio foi constituído pelos moinhos e implementos do próprio grupo de ceramistas, a mão de obra qualificada também foi transferida dos mesmos postos de trabalho das empresas onde operavam.

Como resultado, esta nova unidade de negócios deixou de gerar custos operacionais nas cerâmicas, passou a gerar receitas e lucros na nova indústria, e como efeito colateral positivo, eliminou os fatores ambientais negativos dentro das fábricas, principalmente o fino pó de argila que se espalhava tradicionalmente, por todos os galpões de produção cerâmica mundo afora.

– Oitava regra da Boa Sorte

Ninguém pode lhe vender sorte. A Boa Sorte não se vende. Desconfie sempre dos vendedores de sorte.

Imagine que alguém lhe ofereça, como nos contos do vigário, um bilhete premiado pela metade do valor do prêmio, com a justificativa de não ter como reclamar o valor, por não dispor no momento de nenhum documento de identidade, por ser estrangeiro, ou por outro argumento qualquer. (Por incrível que pareça, muita gente ainda cai neste truque, ou outros similares via internet).

Qual sua atitude?

Comprando o bilhete, você estará praticando um ato antiético ao se aproveitar da (aparente) fragilidade do estelionatário e sendo ao mesmo tempo, cúmplice de um ato desonesto, um crime.

Corrupção precisa de um conluio de dois elementos: o corruptor e o corrupto.

Não se compra sorte. No máximo alguém compra um bilhete de loteria, uma cartela de bingo, umas fichas no cassino, muitos destes verdadeiros, alguns falsos.

Ninguém tem o poder de garantir que uma determinada ação de uma companhia vá valorizar-se a um determinado índice, na Bolsa de Valores, em uns tantos dias adiante.

Se alguém lhe prometer isto, desconfie. Fuja da tentação.

Nestes tempos presentes quando parece que maioria das pessoas tende a considerar a corrupção como algo natural, assim como se fora um mau-cheiro com o qual nosso olfato se adapta ao longo do tempo. Lembro-me de um conselho dado numa excelente obra de um autor brasileiro, que em sua vida escreveu mais de 80 livros filosóficos ao longo dos seus 85 anos de vida, chamado Hubert Rohden.

Em seu magnífico livro O Sermão da Montanha, destaco o inspirado trecho:

"O lodo contamina tudo,
A água limpa o lodo, mas ao limpá-lo, se contamina com ele.
Seja como a Luz que atravessa o lodo e sai dele,
tão brilhante quanto entrou"

https://www.youtube.com/watch?v=zon0tkL0p2Q

– Nona regra da Boa Sorte

Quando já tenhas criado todas as circunstâncias, tenha PACIÊNCIA, não abandones a luta.

Para que a Boa Sorte chegue, TENHA FÉ!

Depois de cumpridas todas as tarefas precedentes e que cabiam a sua parte, tudo o que tiver que acontecer, acontecerá ao seu próprio tempo, como recompensa às suas atitudes.

Perseverar naquilo que acredita e ajustar permanentemente o rumo conforme a rota prevista, resultará na chegada segura ao porto desejado, mas, enquanto isto não acontece tenha paciência porque como diziam as avós camponesas: Ninguém nunca sabe o momento em que o leite produzirá manteiga. Há que continuar batendo, até que a transformação naturalmente aconteça.

"Ter fé significa possuir JÁ, aquilo que ainda se deseja"

~ Sto. Agostinho.

Aqui, aproveito a dica para expandir a ideia através de um aparente paradoxo:

LEMBRANÇA DO FUTURO

Trata-se de um inteligente jogo mental: criar uma realidade virtual, composta de todos os seus propósitos, ideias, planos, execuções e resultados em cuja realidade esteja inserida, em circunstância ideal de realizações, prosperidade e felicidade.

Utilizando as leis da psico-cibernética:

1. Tudo que puder imaginar poderá ser realizado.

2. Tudo sobre o que você se concentrar lhe parecerá real.

3. Tudo que o que lhe parecer real, com dedicação e foco, se concretizará.

Assim, componha uma precisa imagem virtual datada como o dia final do objetivo proposto.

Num local apropriado e silencioso, onde possa relaxar, utilize o método de respiração abdominal espaçada:

1. Inspire o ar para a região abdominal, não a peitoral.

2. Expire a partir da região abdominal, lentamente em ciclo alternado de 20 inspirações e expirações.

3. Sinta o relaxamento produzido, ao final da série.

Construa mentalmente o cenário onde pretende estar naquele dia, numa determinada hora: imagine o clima, a temperatura, o vento, os sons, a luz ambiente, a cor local, as pessoas presentes.

Imagine olhar em volta num giro de 360 graus, memorizando cada detalhe.

Mantenha-se centrado neste ponto e desfrute de toda ambientação e da imagem geral à sua mercê.

É tudo seu por sua causa e em retribuição ao seu esforço e dos seus parentes, colaboradores e clientes que isto tudo está acontecendo.

Mantenha-se imerso neste ambiente por um par de minutos, antes de exclamar: É real! Vencemos!

Repita este exercício todos os dias na hora em que se sentir mais confortável para fazê-lo. Aconselho que seja pelas manhãs, logo que chegue ao seu empreendimento, antes que a rotina diária ocupe seu tempo disponível.

Método da repetição espaçada:

1. Anotar no máximo 6 metas diárias, semanais ou mensais de cada vez em um post-it,

2. Colar o post-it onde se possa ver o tempo todo (teclado do computador, espelho do quartou ou banheiro).

3. Ler as metas em silêncio, 6 vezes ao dia.

4. À medida que for realizando as metas risque cada uma até que não reste nenhuma.

– Décima regra da Boa Sorte

Criar Boa Sorte é preparar as circunstâncias para a oportunidade. Porém, a oportunidade não é questão de sorte ou azar: Sempre está aí!

Voltemos a analisar melhor o que aconteceu com aquele empreendedor Paul, no Zimbabue:

Ele preparou a circunstância para a oportunidade, tirando máximo proveito do único poder que dispunha, naquele momento e que ninguém poderia lhe roubar: o seu conhecimento da profissão de eletricista, cujos serviços vendia a troco de víveres, utensílios, produtos de higiene, até conseguir inventar um novo e micro empreendimento, iniciado ao receber por seus serviços, um pagamento em espécie, apenas 40 pintinhos de galináceo.

A oportunidade estava bem ali diante de seus olhos: pessoas precisavam se alimentar, e naqueles duros tempos, um frango podia sustentar uma família inteira por mais de um dia.

Sua persistência e fé lhe mostraram que aquela oportunidade representava a saída de uma circunstância desfavorável, para outra um pouco mais próspera, o que também o comprometia com o cuidado que deveria dedicar ao seu pequeno plantel, prover os meios que lhe permitisse cuidar da criação até quando frangos adultos pudessem ser vendidos no mercado, gerando capital de giro suficiente para a compra de mais 300 deles, e que a partir deste ponto, começasse um novo ciclo virtuoso do seu novo negocio, nascido da hiperinflação e da escassez.

Enquanto isso, muitos habitantes do Zimbabue não se apercebiam da circunstância em que estavam mergulhados e muito menos, das oportunidades em volta, permanecendo na margem oposta do rio, do lado da escassez, apenas sobrevivendo.

Enquanto Paul, com sua decisão corajosa, atravessou para a outra margem, a da prosperidade.

Como esta parábola da vida real pode se encaixar na circunstância atual vivida por você ou sua empresa?

CAPÍTULO 9

A estratégia para
a prosperidade

"O bom estrategista, para vencer uma batalha, faz antes muitos cálculos no seu templo, pois sabe que eles são a chave que o conduzirá à vitória.

É calculando e analisando, que o estrategista vence previamente a guerra na simulação feita no templo.

Portanto, fazer muitos cálculos conduz à vitória, e poucos, à derrota".

~ Sun Tzu (544 a 496 a.C.).

Atenção: antes de dar qualquer passo no planejamento de qualquer batalha que deseje vencer, antes de qualquer cálculo, realize uma profunda reflexão sobre todos os seus erros anteriores. Assuma e corrija todos eles, para que assim possam ser eliminados todos os programas mentais perdedores, instalados em sua mente. Perdoe-se e aos demais circunstantes. Só então comece a planejar.

Tudo que hoje é concreto foi concebido duas vezes. Uma delas, na mente criativa de alguém inconformado com o meio, o modo de vida, ou sua atividade em um dado momento, a outra vez na elaboração ou aperfeiçoamento concreto do bem ou serviço, a ser utilizado para melhorar a vida das pessoas.

O ser humano, diante de sua insatisfação, de suas inquietudes, busca na observação, copiar da natureza disponível, a inspiração para criar aquilo que lhe poderá satisfazer suas necessidades ou desejos presentes para, posteriormente, aperfeiçoá-lo através da melhoria contínua.

O ser humano tem como uma das características principais; partir do complicado para o simples.

Lembra-se do tamanho dos primeiros rádios, televisores, computadores, celulares?

Comparados com os de hoje, que além de suas funções básicas originais incluem inúmeras outras funções e informações úteis, aplicativos, conexões, que aqueles de outrora chegam a parecer uns dinossauros tecnológicos.

O empreendedor de certo modo, é este ser inconformado com sua CIRCUNSTÂNCIA, seja ele um estudante recém-graduado que de repente, se descobre na nova condição de desocupado, com seu canudo de diploma nas mãos, descortinando o vazio do mercado de mão de obra diante seus olhos, ou um empregado frustrado com seu lento progresso na empresa, um funcionário público desmotivado pelo seu plano de carreira, o militar que condicionado para o combate, se cansou da rotina castrense de obediência cega e corridas matinais em ordem unida ou finalmente, um experiente profissional, desempregado pelas consequências da recessão produzida por medidas governamentais, na maioria das vezes, inconsequentes e muitas vezes injustas.

Há muitos outros exemplos de inconformados mil, muitos até bem conhecidos, alguns bem próximos de cada um de nós, ou até um de nós mesmos.

Escolher o empreendedorismo é como escolher saltar um

precipício largo, sem paraquedas. Não se consegue em duas etapas.

Para se conseguir este impulso para adiante, em qualquer fase ou porte do negócio, é necessário como diz a sabedoria chinesa, dar uns bem calculados passos para traz.

Significa refletir, concentrar-se e trabalhar previamente sobre alguns aspectos fundamentais. Por exemplo:

Examinar minuciosamente se o seu perfil atende aos pré-requisitos para atender às exigências do seu novo papel no qual, precisará criar fontes de recursos para o sustento da própria empresa e para a manutenção da qualidade de vida de sua família.

Se você estava acostumado a receber religiosamente o seu salário, no mesmo dia de cada mês, tinha seu seguro-saúde coletivo e outros benefícios pagos pelo seu empregador, chovesse ou fizesse sol, prepare-se muito bem para viver sem nada disto que anteriormente fluía de outra fonte, fora de seu domínio, do seu trabalho e circunstâncias presentes. Num complexo momento econômico, como o de agora. É tomar a decisão e pagar o preço, afinal como tudo na vida.

Toda criação e prosperidade de uma empresa de qualquer porte precisam levar em conta alguns fatores fundamentais, como o que se verá a seguir, para criarem-se circunstâncias favoráveis ao sucesso.

Princípio de Pareto, o segredo da prosperidade

Princípio de Pareto pode e deve ser aplicado a sua empresa e atividade diária. Graças a este economista italiano, você conseguirá melhorar todos os aspectos de sua empresa e de sua vida.

Já parou para pensar que apenas 20% de seus atos produzem 80% das consequências? Pareto descobriu uma relação 20/80 em tudo que nos rodeia. Se aprender a aplicar este princípio, conseguirá prosperar rapidamente em tudo o que se proponha.

Vilfredo Pareto (1848-1923) era um economista italiano, filósofo e empresário, criou uma fórmula matemática para descrever a distribuição desigual da riqueza. Em um documento escrito em 1906, observou que, aproximadamente 20% da população italiana possuíam 80% da riqueza. O princípio de Pareto ou regra 80/20, se fez conhecida nos Estados Unidos graças ao Dr. Joseph M. Juran durante os anos 30 e 40. Este Dr. Juran (Braila/Romenia 24/12/1904-Rye/28/02/2008,NY USA), considerado o pai da Qualidade Total, reconheceu um princípio universal que chamou "os poucos vitais e os muitos úteis"; mostrando que geralmente 80% dos resultados são produzidos por 20% das ações.

O que é o Princípio de Pareto?

A regra 80/20 sugere que em qualquer coisa, os poucos (20%) são vitais e os muitos (80%) são triviais. O princípio de Pareto descobriu que 80% da riqueza é possuída por 20% das pessoas. Se aplicarmos este princípio ao campo dos negócios, pode significar que 80% do espaço de seu estabelecimento é ocupado por 20% de seu estoque, que 80% de seus pedidos vêm de 20% de seus clientes, que 80% das reclamações são produzidas por 20% de seus clientes.

Por que é importante o princípio de Pareto?

O principio de Pareto nos mostra que a maioria de nossos problemas (80%) vem de uma fonte pequena (20%) e que a maior parte de nossos ganhos (80%) provêm de um punhado de nossos clientes (20%). Como empresário ou micro empresário, o principio sugere que 80% de seu tempo de trabalho é trivial e que somente uma pequena porção de seu tempo diário, de fato contribui para o crescimento de seu negócio.

Minha experiência pessoal

No começo de minha carreira, ainda muito jovem há alguns anos passados, trabalhei como vendedor de uma conhecida editora, que nos tempos do regime militar (quando leis e jurisprudências brotavam como trevos) publicava dois boletins, um legislativo para contadores e auditores e outro com jurisprudência para advogados, juristas, juízes, com propósito de manter estes profissionais atualizados semanalmente, através de assinaturas anuais. Eram tempos de muita atividade legiferaste e alta demanda reprimida por estes produtos, pois não existia ainda a internet. Meu principal problema de vendedor eram as secretárias, que até hoje são um filtro muito ativo para não deixar passar chamadas para os gestores das empresas. Até que investiguei e descobri que, em muitas empresas contábeis, o responsável era o primeiro a chegar ao seu posto de trabalho e que entre as 8h30 e 9 horas as probabilidades de contatar com estes gestores (assim como aos advogados entre as 17 e as 19 horas), aumentavam drasticamente.

Passei a comparecer ao trabalho meia hora antes e sair uma hora depois e assim minhas vendas aumentaram de maneira exponencial. Por quê? Sem saber eu estava aplicando este princípio ao meu trabalho diário, e os 20% de minha jornada passaram a produzir 80% de minhas vendas.

Como utilizar o Princípio de Pareto?

O tempo é o bem mais precioso que temos o dinheiro perdido se pode voltar a ganhar, porém o tempo perdido nunca se recupera.

O princípio de Pareto aplicado a nossa atividade diária, consiste em identificar quais 20% produzem os 80% de nossos êxitos e que atividades consomem os 80% de nosso tempo nos devolvem apenas 20% de sucesso. Deixe de realizar estes trabalhos improdutivos e ganhe 80% de seu tempo, para dedicá-lo às tarefas que realmente estão funcionando (20%). Analise bem seu negocio, os 20/80 não tem porque serem exatos, pode ser 10/90 ou 5/95.

Identifique quais 20% lhe dão os 80% de suas receitas

–   Que 20% das fontes causam os 80% dos problemas?

–   Que 20% das fontes causam os 80% do resultado desejado?

–   Ganhe os 80% de seu tempo para empregá-lo em melhorar estes 20% que lhe dão frutos.

–   80% das queixas provêm de 20% de seus clientes

–   80% de seus ganhos provêm de 20% de seus clientes

–   80% de suas vendas provêm de 20% de seus produtos

–   80% de seus ganhos provêm de 20% do tempo que você invista.

Conclusão

O princípio de Pareto se pode aplicar a qualquer aspecto de seu negócio. Mediante o uso da regra 80/20 observe tudo que se pode melhorar em sua empresa. Muitas destas melhorias lhe permitirão reduzir custos e crescer. Conseguirá ser mais eficiente e prosperar rapidamente, mesmo em ambiente recessivo, que a quantidade e qualidade das novas fontes de recursos, dependerão diretamente da sua competência, comprometimento e esforço próprio e de sua equipe de colaboradores.

Que tal começar concentrando sua atenção para os 20% dos produtos que geram 80% dos seus lucros?

Planejar cuidadosamente as ações necessárias para a criação de um negócio que possa prosperar, apesar das crises, é a melhor decisão que se pode tomar para iniciar certo desde o começo.

Há um método muito eficaz para isto.

Elaborar um plano estratégico, que funcione como um plano de voo seguro, mesmo que muito simplificado é fundamental e pode ajudar sempre, considerando-se o passo-a-passo contínuo a seguir:

Primeiramente, defina o modelo de seu negócio.

Entre em www.modelodenegocio.com/sebrae

Em seguida, construa seu planejamento estratégico, estabelecendo os seguintes passos:

1.Horizonte (Tempo Eleito Estimado Para Alcançar-Se Um Dado Objetivo)

Eleja o período de tempo no qual você pretende alcançar tal objetivo (Exemplo: faturamento de 1 milhão de dólares/ano, no mês de dezembro de 2020 – um período de 5 anos).

Tenha em conta que para se estabelecer este objetivo no horizonte proposto, será necessário providenciar os meios adequados a alcançarem-se as metas para cada um dos cinco anos ou 60 meses ou 260 semanas, ou 1.820 dias, entre sua eleição e o alcance de seu objetivo final.

Importante conhecer e praticar os passos definidos no Plano de Negócios que recomendamos, no link abaixo.

http://www.bibliotecas.sebrae.com.br/chronus/
ARQuIVOS_CHRONuS/bds/
bds.nsf/5f6dba19baaf17a98b4763d4327bfb6c/
$File/2021.pdf

Objetivo: é o resultado a ser alcançado como se fosse através de uma escada imaginária.

Metas: são os degraus (em meses, semanas, dias, horas, minutos, segundos) desta mesma escada.

Estes indicadores serão a base para o controle da operação do plano de objetivos e metas da empresa.

Importante: Metas são para serem alcançadas, portanto considere valores factíveis que seus recursos possam atender ao que seu mercado possa demandar, e que seu plano possa ser cumprido.

Para tal, pesquise sobre a demanda real existente e o volume da oferta mantida pelos competidores do mercado alvo, assim como também os seus meios disponíveis ou alcançáveis durante o período estimado.

Como ensina a sabedoria caipira: "Ponha o chapéu onde o braço possa alcançar".

2.Negócio

Definir o negócio é a pedra angular de toda a construção de um empreendimento de qualquer Porte.

Comumente, é o ponto onde se deve dedicar a maior parte do tempo do planejamento.

Nada de ansiedade, pois investir o maior tempo em dedicar-se a este passo, economizará muitas horas de esforço, durante a elaboração dos seguintes.

Para se orientar um pouco mais quanto ao processo desta definição, pense no máximo de amplitude que seu negócio possa alcançar.

Para ajudar a entender melhor o tema e um pouco mais, reflita e responda, sobre os exemplos abaixo:

– Mc Donald´s está no negócio de hambúrguer ou de alimentação? (Seguramente não está no da nutrição)

– Estúdios de cinema estão no negócio de cinema ou no de entretenimento?

Olhando para trás, podemos testemunhar que se aquele vendedor viajante chamado Ray Kroc, ao comprar a lanchonete dos irmãos Mc Donald se houvesse limitado ao negócio de hambúrguer, talvez nunca alcançasse a escala universal de hoje em dia, porque o que ele vislumbrou foi o fator diferencial da marca, já naquele momento da compra. Não era nenhuma receita especial, mas o inovador método de atendimento fast-food, criado pelos irmãos Mc Donald.

Assim como, se a associação dos estúdios de cinema de Hollywood em meio a uma dura crise na década de 1950, quando cinemas fechavam aos montes diante da novidade prática da TV, se não houvesse optado por explorar a amplitude do negócio para o ramo do entretenimento, produzindo séries curtas para a própria televisão (concorrente) e posteriormente evoluindo para os parques temáticos, talvez tivessem perdido o espaço no mundo da comunicação e do entretenimento, que se expande atualmente através de mídias sequer sonhadas naquela época.

Então, mais que sonhar com o negócio, deve-se pensar de modo muito amplificado a que mundo ele pertence e de que modo, este negócio poderá prosperar dentro dos mercados potenciais presentes e futuros.

A pergunta implícita a ser respondida é: qual é o meu negócio?

Exemplo: uma loja de produtos hortifrutigranjeiros poderia parecer pertencer ao negócio de quitandas, de alimentação ou da nutrição saudável.

O conceito de maior amplitude é aquele que o eleva para o da NUTRIÇÃO SAUDÁVEL, um apelo que interessa a um grupo crescente de pessoas, dispostas a pagar mais por alimentos mais saudáveis e por melhor saúde.

Uma indústria de produtos eletroeletrônicos pode pretender estar no negócio de eletrodomésticos ou no da tecnologia da informação.

Uma empresa de treinamento pode apenas ministrar instrução, treinamento, capacitação ou abranger todo o espectro compreendido por sua metodologia do conhecimento, mais eventos de formação, aliada a soluções de TI, comunicações e hardware.

Ampliando seu espectro através deste conjunto interdependente, para muito além de treinamento, alcançando o status de COMPARTILHADORES DO CONHECIMENTO. Importante componente da moderníssima economia compartilhada, na qual todos os atores de um segmento, inter-compartilham ativos tangíveis e intangíveis para geração de riqueza a partir de suas sinergias.

Pergunte, responda e registre suas respostas:

A circunstância atual, no campo do mercado de trabalho é de demissão generalizada de empregados, visando à redução de custos pela ponta das despesas.

Como já vimos, este modelo Keynesiano de combate à inflação, não funciona quando a inflação é de custos e especialmente no Brasil, causada pelos preços administrados que incidem direta e inescapavelmente sobre os custos de produção.

Isto pode exigir dos empreendedores, um tratamento diferente e inovador. Ao invés de simplesmente demitir colaboradores, que custaram um caro investimento em capacitação, porque não realizar um processo de seleção interna, para descobrir vocações desconhecidas que possam ser aproveitadas para amplificar os negócios pela ponta das RECEITAS?

Pense nisso e aja rápido. Você poderá se surpreender com os talentos ocultos disponíveis tão perto de você.

Analisemos um exemplo imaginário desta proposta de modo muito prático:

Exemplo: POSTO DE COMBUSTÍVEIS

Circunstância 1: ECONOMIA EM ASCENSÃO

a. Quantidade de veículos (novos e usados) comercializados: crescente

b. Receitas de combustíveis e lubrificantes: crescentes

c. Receitas da loja de conveniência: crescentes

d. Receitas de lavagem de veículos: crescentes

e. Receitas de troca de óleo e acessórios: crescentes

f. Despesas operacionais: estáveis

Circunstância 2: ECONOMIA EM ESTAGFLAÇÃO

g. Quantidade de veículos (novos e usados) comercializados: decrescente

h. Receitas de combustíveis e lubrificantes: decrescente

i. Receitas da loja de conveniência: decrescente

j. Receitas de lavagem de veículos: decrescente

k. Receitas de troca de óleo e acessórios: decrescente

l. Despesas operacionais: CRESCENTES

Note que mesmo que as receitas permanecessem estabilizadas, sem crescer ou reduzir-se, as despesas crescentes já representariam ameaças às margens e aos lucros.

Com a ocorrência de receitas decrescentes e as despesas operacionais crescentes, será uma simples questão de tempo, a quebra do negócio.

A fórmula clássica sempre foi aplicar-se uma redução tão drástica quanto possível pela ponta das despesas, e a principal delas é o corte na folha de pagamentos, retirando pessoas do quadro de colaboradores e consequentemente do atendimento à clientela, o que causa sempre um círculo vicioso de menos gente, menos serviços, menos clientes.

Já afirmei que este modelo não funciona quando a inflação é de custos através dos preços administrados, sob o qual podemos agir, porém de modo muito pouco produtivo, reduzindo uso de água, energia elétrica, estocagem de produtos etc.

O modelo de gestão de pessoas, alternativo e muito mais lucrativo seria:

1. Realizar um processo simplificado de recrutamento e seleção interna entre os empregados, para identificar aqueles que tenham um perfil melhor adequado ao atendimento à clientela e sempre, no foco do cliente.

2. Treinar estas pessoas em técnicas de vendas e atendimento (SENAC)

3. Um posto de serviços é muito mais do que o rótulo POSTO DE GASOLINA que condiciona seus empreendedores a se limitarem ao item mais representativo no FATURAMENTO: a galonagem dos combustíveis como denominam as distribuidoras, interessadas apenas com os lucros em escala de seu próprio negócio; combustível.

A partir deste condicionamento, os postos funcionam por anos a fio, na maioria das vezes apenas como ponto de passagem de inúmeros, anônimos e infiéis consumidores de combustíveis (tanto que no Brasil e em muitos países são chamados de Posto de Gasolina, Gas Station, Gasolineras, Bencineras).

Entretanto, existe pouco explorada, uma enorme gama de SERVIÇOS e produtos que podem ser comercializados com lucratividade individual, muito superior àquela dos combustíveis. Estes serviços apesar de não oferecerem escalabilidade tão grande em volume quanto o combustível, oferecem a oportunidade de diversificação da oferta de produtos ou outros serviços, criando o ambiente propício para fidelização do cliente, num posto de serviços.

Se o posto é urbano, está localizado no centro de um círculo com um raio aproximado de influência direta de uns 5 km.

Aí está o território quase sempre inexplorado, que deve ser destocado, arado, plantado, irrigado e defendido com unhas, dentes, ferramentas e táticas adequadas para prosperar a partir dos meios e oportunidades que sempre estiveram despercebidas por uma visão distorcida e viciada com o panorama confortável de sempre.

4. Descobrir moradores e empresas localizadas dentro deste território é estabelecer um mercado cativo de clientes, para transformá-los de eventuais em fidelizados.

5. Cadastrá-los quando no posto, na loja de conveniência ou em outros serviços, através das redes sociais, ou até de visitas porta-a-porta, lhes permite coletar informações valiosas tais como: Nome do proprietário, e-mail, marca, ano e quilometragem do veículo, para convidá-lo para troca de óleo, acessórios ou seguros no tempo ideal, lavagem e polimento, convites para eventos e promoções via internet etc...

Este trabalho seguramente incrementará receitas, ampliará a quantidade, a qualidade e a fidelização dos clientes,

Sem que seja necessário demitir valiosos colaboradores, recapacitando o grupo para funções mais nobres no empreendimento.

Isto é o que denominamos atuar no FOCO DO CLIENTE.

Pense como este método poderá ser utilizado em seu próprio negócio, mesmo que este não seja um posto de SERVIÇOS.

No foco DO cliente tudo funciona como se você e o seu cliente compartilhem as lentes de um mesmo binóculo, pactuando com ele a solução mais adequada e no seu devido momento.

Falamos de um empreendimento que todos têm como comércio, quando se refinarmos bem a visão, notaremos que de fato em qualquer segmento, com exceção do comércio internacional, esta atividade (comércio) de fato não existe. Senão vejamos: quando você inaugura um varejo qualquer, precisa comprar produtos que o mercado demande, ou seja; procura nas indústrias do setor, aqueles produtos demandados para atender às necessidades de sua clientela e isso é um SERVIÇO.

Esta miragem é tão forte que no Brasil, o turismo e sua cadeia de serviços, nunca adquiriu a importância que países com muito menos atrativos conquistou. Muito disto, por culpa de que não se acredita no poder da EXPORTAÇÃO de serviços, que nos países vocacionados a esta atividade, incentivam a partir do tratamento universal do comércio internacional: a isenção de impostos internos para serviços de hotelaria, Tax Refound (devolução de impostos) para estrangeiros etc...

Dentro deste raciocínio da economia compartilhada e em conformidade com o fenômeno que começa a revolucionar o modo como se fazem compras e vendas de produtos ou serviços, tenho observado que a presente depressão econômica tem levado a cada dia, mais e mais famílias se reunirem, para fazer suas compras nos atacarejos e assim reduzir seu custo com alimentação, bebidas, artigos de higiene e limpeza etc...

Esta atitude de defesa está contribuindo para sustentar o

faturamento dos atacadistas em detrimento do faturamento de pequenas redes de supermercados, situadas dentro do circulo de 5 km de raio do qual falamos anteriormente.

Mas estas pequenas redes também podem sim, concorrer com o atacarejo das grandes redes de distribuição, criando também seu pequeno ATACAREJO, com diversas vantagens, dentre estas a proximidade da clientela, o que lhes permitiria realizar entregas das compras nos edifícios e condomínios, onde se tenham formado clubes de compras e estabelecido um programa de fornecimento sob demanda recorrente, para grupos de moradores, a preço competitivo, repassando para eles as eficiências produzidas pelo baixo desperdício de perecíveis, pelo custo reduzido de embalagens, mantendo as mesmas margens de contribuição, para que os clientes gastem menos por melhores produtos e serviços, sem deslocamentos desnecessários.

Agindo deste modo aproveitam-se as vantagens de fidelização dos clientes para defender-se da concorrência e preservar o nível de faturamento, através de um serviço, que a maioria ainda nem sabe que quer.

3.Visão (Descrever)

É na verdade a antevisão do que se pretende alcançar como objetivo dentro de um determinado período eleito.

Deve ser expressa na forma de um propósito que pode ser um posicionamento no mercado (preferivelmente) ou em valores, que representem a prosperidade do negócio dentro do tempo considerado entre o planejamento e o resultado final. Pode ser expresso em quantidade de empreendimentos, faturamento, lucratividade ou tudo isto junto.

4.Valores

São fatores imutáveis que balizarão as atividades da empresa, extensivos ao comportamento de todos os controladores e colaboradores, são um grupo de atitudes comportamentais coletivas – ética, lealdade, honestidade, compromisso, etc... – sobre as quais ninguém, em nenhum caso ou circunstância, deverá descumprir. É a verdadeira alma do negócio.

5.Missão

Declaração concreta de propósitos que deve ser estudada, elaborada, anunciada e implantada com total clareza e eficácia para se obtiver consequência positiva desejada, sobre os clientes internos e externos e os mercados, de modo permanente.

É muito aconselhável que o empreendedor, busque entender muito bem, qual é o propósito do empreendimento, o qual vai mais além, de ser apenas e tão somente um meio de ganhar dinheiro trabalhando, já que nenhuma casa da moeda do mundo, permite que alguém imprima notas ou cunhe legalmente, moedas do país.

A missão do negócio deve incluir de modo sucinto uma confiável declaração de benefícios ao mercado onde opere.

Há que tomar cuidado muito especial, para criar-se um enunciado numa linguagem facilmente compreensível, que as pessoas possam naturalmente internalizar, do mesmo modo como se fora uma oração.

Conheço inúmeros enunciados de missões, repletos de boas intenções mas, quando pergunto aos colaboradores sobre seu conteúdo, quase ninguém o conhece a ponto de recitá-lo de memória, ou quando se consegue, desconhece o âmago dos seus significados.

O enunciado deve atender aos parâmetros básicos:

1. O que promete o negócio.

2. O que o negócio faz.

3. O que o negócio fará para todos e para cada um dos seus clientes externos e internos.

Por exemplo: Se o negócio for a NUTRIÇÃO SAUDÁVEL, qual poderia ser um enunciado de missão para este tipo de negócio?

"1) Oferecer produtos naturais de procedência segura, confiável e sustentável. 2) Para possibilitar uma nutrição equilibrada. 3) Visando à alta qualidade de vida da nossa clientela. 4) Prosperando em benefício da clientela e em sua própria perpetuação."

Este exemplo de enunciado muito simples e lógico, serve para compreender a importância do que deverá ser compartilhado e respaldado por todos os componentes da empresa: sócios, diretores, gerentes encarregados, operadores, assistentes, auxiliares em geral, ou seja por todos os componentes do organismo empresarial, clientes internos e externos.

Este enunciado deverá ser recitado de memória como um mantra e disseminado por toda e qualquer parte da companhia.

Cada célula da organização deve interagir com o organismo em total harmonia, para que deste modo, todos se esforcem fisicamente menos, para obter resultados muito melhores para a empresa e em consequência, para cada um dos colaboradores.

"Muito se promove um negócio, ao praticar e cumprir uma missão muito bem idealizada, memorizada e FOCADA no principal: o FOCO DO CLIENTE"

6. Estudo Das Forças

6.1 Restritivas

Qualquer empreendimento, independente do porte, da longevidade, do poder econômico que tenha, reúne forças (poderes, competências) e debilidades.

A maior das fraquezas entretanto, vem de dentro do próprio empreendedor e se chama AUTO SABOTAGEM.

A auto sabotagem vive escondida naquele compartimento oculto de você e dos outros, onde estão armazenadas experiências malsucedidas, desilusões, fracassos, que mesmo que você não tenha mais qualquer lembrança, continuam silenciosamente interferindo negativamente sobre seu comportamento, sabotando seu entusiasmo e energia para vencer os obstáculos, que se apresentam entre seus sonhos e suas realizações.

Isto é tão poderoso que pode frear grandes iniciativas, apenas levando você a reviver inconscientemente, momentos de fracasso e assim roubar sua energia criativa e até sua fé.

Age como se você fosse como Sísifo, personagem da mitologia grega, que fora condenado a rolar monte acima, uma enorme e pesada rocha, que do topo, se despencava ladeira abaixo, até ser eternamente empurrada para cima, enquanto um abutre atacava o fígado do condenado.

São perigosos limitadores mentais que afetam direta e negativamente suas atitudes e são influências de fatos negativos anteriormente vivenciados, dos quais alguém racionalmente já nem se lembra, que contudo impõem limitações tão destrutivas, que SABOTAM o sucesso em diversos campos num dado momento presente.

Este comportamento é tão perigoso para um empreendedor porque age silenciosamente, de dentro para fora, é como pressão alta.

"Mata incontáveis planos".

~ (Goethe)

Qualquer hipertenso ou sua família sabem que têm que vigiar diariamente e se medicar periodicamente, ainda que não se aperceba de nenhum sintoma da doença.

AUTO SABOTAGEM produz atitudes mentais incoerentes que resultam sempre em fracasso de preciosos planos, como nos dois exemplos a seguir:

Um amigo empreendedor descobriu uma oportunidade rara no seu campo de conhecimento, que poderia ser uma revolução no seu ramo de negócios e que, devidamente explorada poderia fazê-lo muito bem sucedido e até muito rico.

Entretanto e apesar de seu grande esforço, percebia que ao longo do planejamento e da execução do projeto, se descobria sempre procrastinando, perdendo o foco e se angustiando por uma incongruência desconhecida qualquer, que lhe assediava permanentemente.

Durante uma palestra sobre PNL (Programação Neuro Linguística), alguém mostrou o estudo de Joseph Luft e Harrington Ingham, denominado Janela de Johari.

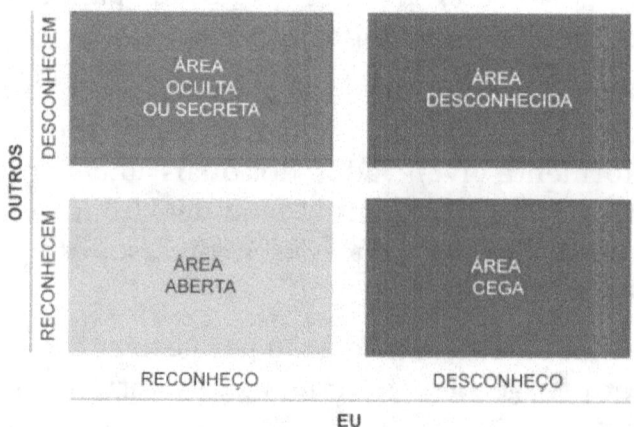

Este diagrama mostra os quatro quadrantes que identificam de que modo a experiência humana, conduz os graus de abertura e limitações na comunicação interpessoal e suas influências, sobre o resultado restritivo ou propulsor das ações na vida e nos negócios.

Impressionadíssimo com o tema, posteriormente buscou a orientação do palestrante que em uma sessão de coaching fora da palestra, lhe fez descobrir a causa deste comportamento autodestrutivo.

Saiba mais e como aplicar, acessando https://www.google.com.br/webhp?sourceid=chrome-instant&ion=1&espv=2&ie=utF-8#q=janela%20de%20johari%20como%20aplicar

Aquele empreendedor era eu mesmo, quando fora sócio de uma indústria de confecções, que após a travessia dos muitos planos econômicos malsucedidos, desde o Plano Cruzado e finalmente até o Plano Collor oito anos depois, enfrentando os desafios do caos instalado nos mercados, nas finanças, nas relações humanas que, como todos, fora muito doloroso pelas perdas materiais, sentimentais, familiares que sofrera durante um longo processo falimentar, superado ao final de dois anos de pelejas judiciais, com a suspensão e arquivamento do processo, mas com as perdas e sequelas resultantes, que deixaram em meu caráter, um trauma inesquecível.

Após ter mudado de ramo e jurado que jamais voltaria ao setor industrial, recuperara uma vida próspera no segmento de serviços, assumira uma vida mais rotineira porém, saudável e tranquila.

Entretanto, sempre que meu espírito empreendedor mostrava boas oportunidades, começava a trabalhar sobre o tema até que sem explicação plausível, nunca conseguisse foco, empenho ou determinação, forças necessárias para alcançar o sucesso, que muitas vezes se antevia muito promissor.

Entrava na mente, a auto sabotagem que atuava sobre os sentidos, mostrando-me novamente através do inconsciente, o sofrimento do fracasso vivido anteriormente, quando era próspero.

Este fator era tão danoso que, sempre que fazia uma fezinha na loteria, nunca conferia o prêmio, coisa aparentemente inexplicável para qualquer pessoa em sã consciência.

Incorporava-se inconscientemente o terror de voltar a ser bem-sucedido como já fora antes, para depois voltar a perder tudo e por consequência, a ser infeliz mais uma vez.

Esta atitude me fez perder ótimas e muito lucrativas oportunidades durante aquela fase da vida.

Na solidão de certa noite, na cama de um Hotel, li um cartãozinho com uma mensagem:

"Nunca transfira para ninguém, o seu poder de ser feliz ou infeliz."

Fiquei remoendo esta frase por quase toda a noite, até ser vencido pelo sono. Despertei bem cedo e logo guardei o cartãozinho na carteira, antes de preparar-me para o café da manhã e as tarefas daquele dia.

No meio do caminho, tive a forte intuição que houvera transferido a mim mesmo o poder de ser infeliz. Que fiz para me livrar desta armadilha mental?

Enfrentei meus medos, analisando detalhadamente o passado, meus erros cometidos, minhas escolhas até descobrir que as CIRCUNSTÂNCIAS presentes, não guardavam nenhuma similaridade concreta com as vividas anteriormente.

1. O setor no qual naquele momento atuava era o de serviços internacionais, diferente totalmente das características particulares e exigências de gestão de uma indústria.

2. A experiência de mais de 20 anos neste setor, me acres-

centou novos conhecimentos e construindo uma reputação respeitável neste mercado, que me dotaram de uma capacidade gerencial a qual não dispunha à época da má experiência anterior.

3. Os meios de comunicação e recursos de gestão progrediram de modo substancial os quais agora os dominava perfeitamente. Alguns destes meios sequer existiam naquela época do encerramento da antiga indústria.

Convencido que o mundo atual em que vivia era outro e muito diferente do antigo, pelo qual me condenara tanto por ter-me julgado um perdedor, imediatamente decidi-me a apagar da mente aquela experiência negativa e logo trocar aquele programa mental antiquado por outro moderno, mais eficiente e VENCEDOR.

Utilizando como ferramenta de mudança o seguinte método da PSICO-CIBERNÉTICA:

1. Concentrar-se na busca das memórias limitadoras até identificar uma a uma.

2. Anotar cada uma delas em uma folha de papel em branco.

2.1. Deter-se em analisa-las profundamente e anotar qual limitação cada uma delas produzia sobre o comportamento presente.

3. Concentrar-se sobre os textos escritos, à medida que se queima cada folha com as anotações e descartar suas cinzas, sob uma torneira numa pia.

Saiba mais em Ajuda-te PELA Cibernética Mental – ulisses S. Andersen. http://www.estantevirtual.com.br/busca?q=u+s+andersen+ajuda+te+pela+cibernetica+mental

Agindo deste modo, havia eliminado pelo fogo e mentalmente, tais fatores limitadores ao meu progresso; havia queimado a antiga programação restritiva. O programa limitador estava eliminado em minha mente, mas para funcionar definitivamente, o método orienta que se substituam os eliminados fatores limitadores, por novos PROPULSORES, imediatamente a seguir:

1. Recolher-se solitariamente a um lugar silencioso e se possível, sob penumbra;

2. Iniciar um processo de relaxamento simples, semicerrando os olhos, respirando calmamente com o abdômen num ciclo de 20 inspirações e expirações, até que o organismo entre num estado ALFA, de quase meditação;

3. Concentrar-se no melhor e mais poderoso momento de sua vida; um evento como o seu casamento, o nascimento de um filho, sua formatura, etc...

Neste ambiente mentalizado, sentir a paisagem, a luz, o som, a temperatura, o vento em sua pele, os aromas, pessoas e tudo o mais que seus sentidos possam perceber, então concentrar a mente neste momento poderoso, permanecer aí por alguns segundos. Respirar bem fundo.

Ver seu NOVO projeto bem claramente vitorioso, se preferir pode construir na mente, A MEMÓRIA FUTURA da festa de comemoração do seu êxito.

Então, pressionar com força, o dedo médio da mão direita (destros), contra a almofada do polegar e gritar a plenos pulmões: SOU VENCEDOR! Este método se chama ANCORAGEM.

Um novo programa VENCEDOR fora instalado na mente, para quando posteriormente precisar entrar em um estado poderoso como aquele que foi gravado, bastará respirar fundo e pressionar com força o mesmo ponto, para que aquele estado mental poderoso se repita imediatamente, onde quer que possa se encontrar.

Pode ser feito a qualquer hora e em qualquer lugar, o grito não precisa ser real como da primeira vez. Pode ser imaginário, que produzirá o mesmo efeito.

Aquele novo programa havia sido instalado na mente, para nunca mais ser alterado por fatores fora de meu domínio.

Naquele momento aprendera e experimentara o que na prática significa "ter fé; possuir JÁ, tudo aquilo que ainda se deseja", como afirmava Santo Agostinho, grande filósofo da antiguidade.

Tenha em mente que fracasso é apenas uma ocorrência para quem está vivo e lutando. Na verdade é a melhor escola para o SUCESSO.

Muitos dos maiores campeões e lideres de mercado em seus campos de atuação fracassaram mais de uma vez, até descobrir o seu caminho adequado ao sucesso.

Recentemente li uma entrevista do João Paulo Lehman um dos sócios do grupo 3G Capital, controlador da AB Inbev, (bebidas) Burger King e Heinz (alimentos) petroleira, etc... para citar os maiores dos seus negócios. Ele não se acanhou em afirmar que por duas vezes no passado, havia quebrado no ramo financeiro, mas perseverara junto com seus talentosos sócios até alcançarem o sucesso atual.

No meu caso, a reinvenção do meu projeto de vida seguiu adiante com um NOVO e PODEROSO comportamento pessoal e profissional, que me transformou num dos mais respeitados players no mercado escolhido.

Uma das vantagens de criar-se uma MEMÓRIA DO FUTURO é que esta memória lhe servirá de guia, até o dia no qual se tornará presente e para o qual já estará preparado para desfrutar de suas merecidas benesses.

Você viverá nesta nova realidade alcançada, em quase tudo muito parecida, com aquela sua memória projetada desde o passado.

A mente humana é um mistério que age apenas com lógica sem nenhuma ética. Um excelente exemplo desta verdade, nos chega a partir de um relato do pai da psicanálise: Sigmund Freud.

Conta a história de um sobrinho seu, que o procurara no seu consultório, buscando entender o significado para um sonho recorrente no qual se via assassinando o próprio pai a quem admirava e amava desde sempre.

Perguntado sobre a partir de quando começaram estes sonhos, lhe informou que fora logo depois ter rompido um longo e intenso romance, que começara com uma prima pela qual tivera uma paixão juvenil, interrompida por muitos anos, por terem as famílias de ambos se mudado para países distantes.

Freud se aprofundou mais um pouco no tema, perguntando-lhe em que momento se haviam reencontrado.

O sobrinho respondeu-lhe, que fora quando do sepultamento de sua mãe havia uns cinco anos passados.

Freud então gentilmente encerrou a sessão, para cuidadosamente lhe explicar a razão daqueles seus sonhos, aparentemente absurdos.

Primeiro explicou-lhe que "os sonhos são a manifestação de desejos inconscientes". O que estava ocorrendo com sua mente era muito lógico ainda que nada ético (assassinato do pai).

Sua dor pela perda da mulher amada, tinha uma magnitude tal, que logicamente, apenas uma ocorrência de magnitude semelhante, poderia lhe trazer de volta o objeto de sua paixão, e deste modo, possibilitar sua reconciliação e recuperar sua felicidade perdida.

Como se percebe, a mente humana pode nos pregar muitas peças e isto afetar profundamente a prosperidade de uma pessoa e de seus negócios, para o sucesso ou para o fracasso. Em ambos os casos citados, buscar ajuda e conhecimento foi fundamental para superar a condição vivenciada.

Vimos que a mente humana opera com lógica e sem nenhuma ética, pois esta é resultante de uma reunião de normas de valores morais presentes numa pessoa, sociedade ou grupo social ou seja, uma criação do homem para balizar seu comportamento.

A mente é anterior a isto e como tal, atua como se fosse um computador, executando apenas comandos, sem nenhuma limitação no seu processo criativo natural.

Equilibrar estas condições é uma arte que depende de muita perspicácia pois, aquilo que pode parecer uma força, pode resultar ou produzir uma fraqueza e aquilo que pode parecer uma fraqueza pode se transformar numa força. Por exemplo: Experiência acumulada pelos fundadores de um negócio, pode ter sido ou parecer uma força propulsora mas, se esta experiência não se atualiza com novos métodos e processos de gestão, levará a empresa à obsolescência, perda de competitividade até a falência. Ao passo que uma aparente força restritiva como insuficiente capital de giro, pode levar aos gestores criativos a buscar soluções inovadoras de gestão operacional que eleve o giro dos estoques, eliminem a dependência de capital de terceiros e ampliem a lucratividade. A criatividade, uma força propulsora importante pode transformar restrição em propulsão.

"A necessidade faz o sapo saltar"

Conheça melhor o diagrama denominado Janela de Johary, estude-o com calma e crie um plano certeiro de eliminação de qualquer limitador mental.

"Agarra no arado e olha para adiante".

6.2 Jogo do poder (arma com um, munição com outro)

Independente, se você tem um sócio ou não, você conviverá, diuturnamente com o jogo de poder, representado sempre pelo interesse de cada parte envolvida nas tarefas da gestão do negócio, seja na condução das estratégias, seja nas táticas e tarefas corriqueiras a serem executadas por seus sócios, colaboradores ou subordinados.

Antes de tudo, há que buscar o consenso de todos os envolvidos nas tarefas a serem desempenhadas, para que ninguém se sinta constrangido a executar aquilo que seus princípios, valores, ou mesmo experiência mostre ser ineficaz ou contraproducente,

Assim, afinar a orquestra todas as manhãs é o melhor modo de executar a sinfonia de cada dia (política de reuniões ordinárias).

Mas, antes disto, precisamos aprender e praticar a humildade de descer até as limitações das pessoas para, a partir deste ponto elevar o seu grau de compreensão, raciocínio, aprendizado, para o desempenho das tarefas com a eficiência que o negócio requer para operar e prosperar.

Há pouco tempo, li numa revista de larga circulação nacional, a entrevista de um grande comunicador, especialista em relacionamento humano no meio corporativo mundial.

Anotei uma frase que creio valha a pena cada empreendedor refletir sobre sua eficácia:

"Descobri o incrível poder da tecla "DRAFT" (RASCUNHO) dos e-mails e o que poderemos tirar de proveito com esta prática no relacionamento humano".

Fomos sempre condicionados culturalmente para não levar desaforo para casa, para o bateu levou, Quem fala o que quer, ouve o que não quer etc...

Esta cultura, nos fez nada mais do que seres reativos, que muitas vezes se arrependem do dito, quando poderiam optar pelo não dito, evitando muitos contratempos, mágoas, ressentimentos.

Ser proativos é a atitude mais aconselhável nos relacionamentos interpessoais, seja na vida privada e no trabalho, e o uso da tecla de rascunho pode ser uma imagem mental muito útil, para dar tempo a uma breve reflexão e a uma resposta melhor adequada, proativa, mais inteligente e educativa ao interlocutor.

Ao invés de retrucar de bate-pronto, em cima de certas proposições, ofensas, conflitos, procure apertar a tecla DRAFT em sua mente e deixar guardado na memória, aquele momento, para que numa circunstância mais adequada, possa responder de modo didático, e de aprendizagem também para você mesmo.

O melhor modo de aprendizado é o que se utiliza do exemplo.

Isto se aplica desde os animais que aprendem entre todos independentes da hierarquia dos mais experientes sobre os mais jovens, assim como os mais experientes se aproveitam das experiências dos mais jovens.

Pessoas, famílias, organizações, nações são dependentes de EXEMPLOS.

As mais desenvolvidas humanamente, de BONS EXEMPLOS. As subdesenvolvidas, de MAUS EXEMPLOS. Simples assim!

Gestão Próspera X Gestão Avarenta

Conta-se que no interior do Brasil, viviam dois amigos de infância que em algum momento, haviam trilhado caminhos diferentes em cidades diferentes mas, ambos atuavam presentemente, dentro do empreendedorismo e criaram duas indústrias do mesmo ramo em segmentos diferentes e como tal, não eram concorrentes. Com o passar dos anos um deles progrediu enormemente, a quem chamaremos de Sr. Próspero, enquanto ao outro cuja empresa só regredia, chamaremos de Sr. Avaro.

O modelo de gestão do Sr. Próspero estava consolidado através de princípios e valores voltados à prosperidade através do bem estar e da felicidade de sua clientela externa e interna.

O modelo de gestão do Sr. Avaro estava ancorado na crença que, menos gasto possível criava maiores margens de lucro.

Assim, pensava e agia: insumos mais baratos, ainda que de pior qualidade fosse preferível ao contrário.

Empregados menos qualificados representavam menos gastos e mais margens, ainda que sua produtividade e qualidade do serviço fossem piores, e assim por diante.

Pior que isto, como se tornara dependente de fatores tão negativos junto aos clientes externos e internos, vivia condenado a uma estressante rotina de conflitos com clientes, fornecedores, empregados que apenas o toleravam, por algum tipo de relacionamento comercial ou dependência financeira.

Por consequência, seu modelo de negocio funcionava por espasmos, apagando incêndios o tempo todo.

Era de fato um MEIO DE MORTE, que ele não percebia, por ter se acostumado a tais condições, o que de certo modo lhe parecia gratificante, e se jactava sempre quando estava entre seus pares da indústria, o quanto trabalhava muito e até tarde, algumas vezes nos domingos e feriados. Gabava-se de ser um tipo que estava na moda àquela época, um WORKAHOLIC!

Depois de muito regredir, num certo dia, leu numa revista de negócios UMA REPORTAGEM SOBRE SEU VELHO AMIGO DE INFÂNCIA que naqueles dias, iria receber um prêmio pelo sucesso de sua empresa.

Com muita cautela, compareceu ao evento e estando lá, procurou o amigo para uma conversa sobre as causas do progresso dele e assim quem sabe, poderia reverter a circunstância na qual vivia sempre girando em círculos, tentando obter resultados diferentes agindo do mesmo modo como sempre agiu.

O Sr Próspero, depois de ouvir pacientemente as lamúrias do amigo de infância, perguntou-lhe se estava disposto a seguir uma simples e despretensiosa orientação. Com o compromisso de voltarem a se encontrar para outra prosa daí a um par de meses. A resposta óbvia foi: Claro que sim.

Então preste muita atenção para que esta minha proposta não lhe pareça até ridícula. Por favor prometa-me não rir dela, propôs o Sr. Próspero.

Primeiro passo: você deve comprar um pé de arruda bem grande, o maior que encontrar, plantado num vaso de tamanho adequado, para que possa ser colocado e regado diariamente, na porta de entrada de sua empresa.

Segundo passo: todos os dias, 1 hora antes de começar o expediente e que nenhum colaborador ainda tenha chegado, colha um ramo de arruda e faça todo um lento percurso por TODOS os departamentos e seções da empresa, se detendo a cada detalhe e fazendo o sinal da cruz, sobre cada maquina, cada escrivaninha, vestiários, banheiros enfim, cada parte componente de sua empresa.

Reserve um último lugar especial para examinar com mais calma ainda: sua escrivaninha.

Pasmo, o consulente Sr. Avaro, estava boquiaberto com o que estivera escutando. Nem podia acreditar que aquilo pudesse funcionar de verdade e exclamou:

Não posso acreditar que possa ser algo tão simples assim, a razão do seu sucesso, exclamou!

Óbvio que não foi só isto que me fez progredir mas é o que me faz aprender a avançar a cada dia, é o primeiro passo. Existirão outros que você mesmo descobrirá, se praticar este HÁBITO primordial e muito saudável, você verá com seus próprios olhos.

Mas, se não praticar, nunca descobrirá! SIMPLES ASSIM.

O consulente ainda retrucou: Parece-me fácil demais para ser efetivo e funcionar, meu caro.

O Sr. Próspero retrucou: Eu disse que é SIMPLES, não disse que seria fácil, O que você descobrirá desde primeiro dia que praticar.

Tome de presente este adesivo para memorizar.

Lá estava uma frase impressa sobre um autoadesivo de para-brisas de carros: A FÉ TORNA AS COISAS POSSÍVEIS, NÃO FÁCEIS.

Que tal colar no seu carro?

Nem estou afirmando se tratar de fé religiosa mas, na fé em si mesmo, ainda que você seja ateu. Concluiu o amigo Sr. Próspero.

Ainda meio incrédulo, o Sr. Avaro agradeceu ao amigo e se retirou do ambiente, murmurando com seus botões: Mesmo que não seja efetivo, isto me custará muito pouco investimento. Ato contínuo, dirigiu-se a uma floricultura, comprou o pé de arruda recomendado, levou para sua empresa e o instalou à entrada, na melhor e mais adequada posição. Conforme orientado, dedicou-se no dia seguinte à peregrinação através das instalações da empresa, acompanhado de um ramo de arruda e um pequeno bloco de notas no qual registrava tudo o que encontrava fora do lugar, ou em desacordo com as normas, ou outras irregularidades e também boas ideias, que nunca percebera antes.

Sobre uma escrivaninha, encontrou um bloco de notas com os termos: Instalar uma ducha junto aos vasos sanitários. Substituir as velhas válvulas de descarga por novas de duplo fluxo. Sobre o texto havia dois riscos em vermelho e a anotação: REJEITADO.

Ali era a mesa do encarregado de limpeza que procurava com tais sugestões economizar água e melhorar a higiene e a saúde dos trabalhadores.

Noutra mesa, a do chefe de produção estava uma folha de papel com a anotação: trocar lâmpadas fluorescentes e incandescentes por eletrônicas (LED) e de novo a frase em vermelho: RECUSADO por serem muito caras.

Encontrou também, sinais de desperdícios, desleixos, insegurança profissional etc...

Mas o que causou mais espécie fora a quantidade de RECUSADO em vermelho.

Acabrunhado com este estado de coisas em sua fabrica, estabeleceu a partir destas informações, uma rotina de reuniões regulares semanais, e na primeira delas, cobrou de todos que apresentassem suas anotações de críticas, solicitações, sugestões.

A primeira pauta, solicitava que os participantes lhe apresentassem primeiro as que haviam sido recusadas.

Após recebê-las do gerente, pediu a todos que lhe apontassem o responsável por tantas recusas.

Quase caiu de costas, quando um mar de dedos indicadores apontou em sua própria direção.

Logo depois desta experiência, o Sr. Avaro criou também reuniões de rotinas e de emergência, nas quais se corrigiam distorções, aplicavam soluções e coletavam sugestões dos empregados, que resultassem em melhorias para o fluxo produtivo ou bem-estar de todos. Descobriu que com a equipe que dispunha e agora passara a confiar, poderia delegar poderes e estabelecer responsabilidades a quem operasse na ponta da cadeia de comando, para decidir segundo as normas da empresa e suas prioridades. Livrou-se assim de uma grande carga de trabalho desnecessário. Agora não mais podia se gabar de ser um workaholic, uma pena!

Uma tabela de bônus por meritocracia passou a ser empregada, com resultados benéficos inesperados.

Não precisamos nos estender muito, para perceber que a produtividade e o ambiente empresarial ganharam novos patamares de qualidade.

Bendito pé de arruda, que permanece bem plantado na porta principal da companhia.

6.3 Propulsoras

São forças compostas por fatores resultantes do conhecimento acumulado, da reputação da marca, da qualidade dos produtos, das competências empregadas, do equilíbrio financeiro, da rede de fornecedores da malha de clientes, do relacionamento com os mercados, da responsabilidade social e ambiental entre outros de menor ou maior importância.

Para empresas em operação o tratamento desta fase difere daquele que se empreguem para uma empresa em formação, é claro.

No caso de empresas já existentes, é mandatório a realização de um estudo que abranja o estado atual destes fatores pois, uma corrente de transmissão de forças é tão mais fraca quanto seu elo mais fraco.

No caso de empresas em formação a abordagem não é muito diferente, apenas os fatores ligados à tradição não poderão ser utilizados por óbvio.

Entretanto o estudo deverá obedecer aos mesmos critérios, com referência a vocações, propósitos, objetivos.

Neste estudo deve-se aprofundar em cada ponto e descobrir se estas forças estão a ponto de contribuir ou restringir o esforço para a prosperidade ou apresentam necessidades de superação que as capacitem a compor uma cadeia poderosa de forças harmônicas e propulsoras.

Identificadas e reforçadas estas devem compor o Plano de Ações de modo a funcionar como a energia vital para todo o organismo empresarial vitorioso.

Identificar as forças propulsoras de sua empresa:

1.   Reputação mercadológica

2.   Valor da marca

3.   Reputação creditícia

4.   Rede de clientes

5.   Rede de fornecedores

6.   Banco de competências

7.   Imagem corporativa

8.   Responsabilidade social

9.   Ética

10.   Inovação

7. Oportunidades E Ameaças (As Oportunidades Estão Sempre Aí)

Em qualquer cidade, estado, município ou país, há muitos nichos de mercados que não estão sendo atendidos ou pior, estão sendo mal atendidos.

Observar insatisfações dentro do ramo que você já tenha identificado onde empreender, é um dos fatores preponderantes para um começo promissor mas, lembre-se sempre, que na selva existem outros bichos disputando as mesmas presas que você.

Você não precisa necessariamente apresentar uma invenção ou uma inovação ao mercado. Muitas das vezes, basta que se atenda àquela demanda latente e não identificada pelos que já estão instalados. Tenha consciência que ao entrar em qualquer mercado, será um bicho novo para disputar as mesmas presas. Ou em outra linguagem do ramo do consumo de massa: Introduzir mais uma lata na mesma prateleira.

Seu produto ou serviço precisa apresentar fatores diferenciais que o cliente perceba que existem e que ele considere importante.

Se você pesquisar em qualquer mercado sobre qualquer produto ou serviço que sua clientela-alvo pretenda consumir, receberá respostas que lhe mostrarão produtos ou serviços já existentes.

Você precisa mais do que perguntar, precisa descobrir aquilo que o cliente ainda não sabe que quer (lembra-se do pensamento do Onassis?).

Por exemplo: um barbeador com cinco lâminas paralelas e uma sexta para aparar os pelos em volta do nariz.

Alguém pediu isto à indústria?

Certamente que não.

A indústria criou a circunstância, aproveitou a OPORTUNIDADE (que sempre esteve aí).

Criou uma nova opção ao que já existia pois, os barbeadores de três ou quatro lâminas já estavam no mercado há muito tempo e seguramente já não eram tão lucrativos por unidade, dado a competição dos vários fabricantes que já dominavam a tecnologia e os fabricavam em escalas globais de produção.

Entretanto, o nicho de mercado eleito, de maior poder aquisitivo aceitou a inovação ao notar os benefícios intrínsecos e o fato de que o maior desembolso inicial, era compensado pela eficiência do corte e pela durabilidade do produto, que o fez campeão e também porque, se tornava mais economicamente viável ao longo do tempo, se comparado com a durabilidade dos produtos concorrentes.

Ademais, caro ou barato é fator muito subjetivo; Qualquer produto tem o seu VALOR intrínseco, que os usuários percebem através daquilo que é um benefício para eles.

Caro ou barato, comparado com que?

A Apple alcançou um patamar de credibilidade para seus produtos, que pode se dar ao luxo de determinar o preço que seus usuários DEVAM pagar.

A excelência na inovação e a fama de desejável fazem de seus produtos ícones de consumo disputados por consumidores fanáticos pela marca.

Em consequência desta idolatria, a empresa pode lançar o que queira, dentro do seu perfil de negócios, que o mercado aceitará o preço de ter um Apple em primeira mão.

No caso da Apple o cliente paga o preço que a Apple quiser.

Mas, nem sempre foi assim, isto é resultado de um longo caminho percorrido por uma empresa desde sempre inovadora, fundada por um empreendedor visionário e carismático, Steve Jobs e Steve Wozniak um sócio, na garagem de sua casa enquanto ainda eram estudantes universitários.

O que terá feito a diferença?

Mais uma vez: aquilo que o cliente ainda não sabia que queria.

Naqueles tempos já existiam computadores cujo líder de mercado e maior fabricante, era um gigante americano a multinacional: IBM.

Aquela circunstância condenava as médias e pequenas empresas a ficar à margem do processo de gestão e controle através da informática. Equivalia a dizer que, as empresas precisariam crescer muitíssimo para poder adquirir um monstro computador daqueles, ou contratar o que se chamava à época, um bureau de serviços, para fazer sua contabilidade e alguns rudimentares controles.

Mas, dois jovens sonhadores, Steve Jobs e seu sócio Steve Wozniak, a partir de suas ideias e desde uma garagem de casa, vislumbraram a oportunidade latente e criaram a nova circunstância.

Criaram o que veio a ser conhecido como PC (personal computer) e inaugurou-se toda uma nova era e um novo negocio no incipiente mundo da informática pessoal, naquela época.

Saiba que naqueles dias a capacidade de processamento de todo o sistema de controle das viagens espaciais da NASA inclusive à lua, era do porte de uma das calculadoras científicas HP de hoje.

A partir da criação do PC Apple toda e qualquer media, pequena empresa ou mesmo pessoas, poderiam ter a mesma oportunidade de contar com um computador pessoal, do mesmo modo que os grandes conglomerados multinacionais.

Quem sabe sem querer, naquela época, eles tenham impedido um monopólio ou cartel superpoderoso, no campo da informática e comunicações, como se previa e se temia na obra 1984, escrita por George Orwell, publicada em 1949.

Saiba mais em https://pt.wikipedia.org/wiki/ Nineteen_Eighty-Four

Já naquele momento, dado ao fator inovação, Apple pôde cobrar o preço que quis por aquele produto que até aqueles dias, ninguém sequer imaginava que queria.

Não foi sem altos e baixos que Apple chegou aos dias de hoje, como todos conhecem a história da empresa e do Steve Jobs e seu sócio Steve Wozniak.

Mas, é incontestável sua liderança mundial no setor.

Preço, aquele fator preocupante que todo empreendedor teme na hora de lançar um produto ou serviço.

Como enfrentar este desafio?

Saia da armadilha do custo + margem.

Raciocine sobre quanto pode VALER seu produto ou serviço para o público-alvo que se pretende alcançar:

1.   Existe algo similar no mercado?

2.   Quais são seus pontos fortes e fracos?

3.   Quais são os pontos fortes e fracos do meu produto/ serviço, comparativamente a concorrência?

4.   Se não existe nada similar, por qual segmento de poder aquisitivo devo começar a oferecê-lo?

5.   Este segmento pode ser propulsor de escala de consumo?

6.   Que fatores devo aplicar para facilitar ao cliente dizer SIM?

7.   Por qual canal de distribuição devo comercializá-lo?

8.   Como o cliente perceberá VALOR intrínseco de um produto ou serviço?

9.   Como devo comunicar à minha clientela as vantagens oferecidas pelos meus produtos e serviços, para que ele perceba a relação VALOR/BENEFÍCIO?

Quanto mais raro, ou mais útil é o bem, estará o cliente disposto a pagar mais, pelos benefícios que o produto ou serviço oferece, ainda que um mesmo benefício faça para um usuário, o que nem sempre faça para outro.

10.   Por que fatores um cliente/usuário voltaria ao meu estabelecimento a comprar a minha marca de produtos ou serviços?

Lee Iaccoca é um lendário dirigente do ramo automobilístico, que desde seu tempo de empregado da Ford, já mostrava uma qualidade muito específica do empreendedor: era um visionário. Como diz a sabedoria caipira "enxergava atrás do morro".

Com sua experiência de engenheiro e seu espírito visionário pôde promover a maior reviravolta de uma empresa, durante uma perigosa crise de mercado que atravessava a companhia em que trabalhava.

Naquele tempo, na década de 60 a empresa produzia veículos muito identificados com os usuários mais idosos, pais e avós conservadores e que valorizavam sobremaneira a TRADIÇÃO da Ford e sua emblemática história, de ter sido a primeira indústria automotiva que permitiu, que qualquer um dos americanos tivesse acesso a este importante meio de transporte, através da produção em linha de montagem seriada, que barateando o produto concedia a milhões de usuários, a liberdade de se locomover a largas distâncias, tão cara àquele povo.

Dado importante: Muitos atribuem a Henry Ford a invenção da linha de montagem seriada, que resultou numa verdadeira revolução nos métodos de produção na época. Todavia, o grande mérito dele não foi ter inventado este processo mas, ter copiado e aperfeiçoado a partir de um sistema de desmontagem seriada de abate, que vira em um frigorífico no interior dos Estados Unidos.

Entretanto, naquele momento de crise, aquele antigo fator e sua fama, não eram mais suficientes para atender às necessidades de lucro, prosperidade e sobrevivência da empresa.

Lee Iaccoca, comprometido com a empresa na qual era um empregado qualificado, com toda sua perspicácia, percebeu a OPORTUNIDADE oculta no mercado.

Nem a Ford, nem suas concorrentes, naquele momento dispunham em suas linhas, de qualquer tipo de veículo que fosse atraente aos consumidores mais jovens, da geração baby-boom, nascidos no pós-guerra.

Os veículos Ford naquele tempo, eram feitos para o conforto e segurança das famílias típicas americanas; espaçosos, silenciosos, de suspensão macia. Ótimos para os passeios dos fins-de-semana ou para longas viagens de férias, um carrão para paizões e tiozões.

Percebeu então que a nova geração queria algo mais identificado com suas personalidades ativas, irrequietas, aventureiras, libertárias, típicas da juventude da era do rock n'roll.

Lee Iaccoca imaginou um produto que viria a ser, um dos ícones mais importantes e duradouros da indústria automobilística até os dias de hoje.

Então se concentrou em projetar e construir um auto de estilo mais esportivo, de design muito particular e atraente, motorização poderosa, ronco característico, um muscle car daquela época.

Além disto criou uma identidade para o produto e um nome próprio, mais que uma marca. Batizou sua criação com o nome de um dos mais poderosos símbolos da liberdade: um cavalo selvagem, muito belo e arisco, típico das pradarias americanas. Lee Iaccoca criou o Mustang.

A identificação com o mercado-alvo foi instantânea. Um sucesso tão retumbante que ejetou a Ford, da recessão ao sucesso, sem escalas.

Sucesso recorrente de um produto que se renova permanentemente desde a década de 1960, até os dias de hoje.

Este visionário alcançou a presidência da companhia, onde permaneceu com sucesso por muitos anos, até que, já aposentado e numa outra destas recessões por que passam ciclicamente as economias, foi convidado a reinventar a CHRYS-LER na época, a beira da falência.

Aceitou o novo desafio, fez um programa de recuperação, apresentou este plano estratégico ao governo americano e obteve um volumoso financiamento, o qual pagou integralmente, na metade do tempo pactuado.

Independente de sua inegável experiência e liderança carismática, entre muitas de suas principais providências iniciais, foi contratar a mais experiente empresa de pesquisas do ramo automotriz, para identificar as tendências do consumidor automobilístico americano.

Ao receber o resultado da pesquisa, logo percebeu que aquilo que estava diante dos seus olhos não passava de mais do mesmo. Aquele carro desejado pelos americanos, na pesquisa, era similar a todos que já existiam. Não apresentava nenhum fator diferencial importante. Em suma: ele não faria nada inovador com aquela ferramenta.

Então, chamou os executivos da empresa de pesquisas e lhes perguntou: os veículos de passeio que toda a indústria produziu sempre foram para cinco pessoas, verdade? Sim, responderam todos.

Este padrão é o que a indústria pretende manter, não? Exato, responderam.

Notaram vocês, que neste padrão automotivo racional, já não cabem dentro, cinco americanos atuais?

Os participantes da reunião se entreolharam e boquiabertos, permaneceram em um silêncio sepulcral.

Explicou: os americanos haviam engordado muito, desde a segunda guerra mundial, a obesidade era (naquela época) uma epidemia na sociedade (hoje, ainda pior).

Em nossos carros já não cabem mais as cinco pessoas que cabiam antes.

Voltem então a campo e procurem DESCOBRIR O QUE OS CLIENTES AINDA NÃO SABEM QUE QUEREM.

"Nesta segunda vez, apliquem questionários que permitiam aos usuários, descrever tudo aquilo que lhes pareça inadequado ou desconfortável dentro de um carro americano. Trabalhem sobre as inquietudes dos clientes."

Respostas principais resultantes:

O banco traseiro encontrava nas extremidades a cada lado, um duro volume abaulado, parte da caixa de rodas, que os impedia de alcançar as portas quando sentados nas extremidades dos assentos. O que lhes obrigava a se apertar no banco, desperdiçando espaço interno em ambos os lados.

O espaço interno do habitáculo lhes parecia muito pequeno quando por dentro, para veículos tão grandes vistos por fora.

Um túnel do eixo de transmissão, que passava pelo meio do piso da carroceria, obrigava ao passageiro sentado ao meio do banco, a viajar desconfortavelmente com as pernas sempre abertas.

Com estes dados principais coletados, Lee Iaccoca propôs a engenharia da Chrysler que:

1.   Afastasse as caixas de rodas para dentro do porta-

malas; ao que a engenharia imediatamente retrucou: "deste modo vamos reduzir o espaço útil do porta-malas".

Os do marketing: "esta característica da capacidade cúbica do porta-malas é muito importante para as vendas".

Respondeu Lee: O espaço interno do porta-malas é medido e propalado aos clientes, em centímetros cúbicos não é mesmo? Sendo assim, elevem a altura do porta-malas para manter o mesmo número interno de centímetros cúbicos.

2.   Aplicasse um motor transversal de tração dianteira, para assim "matar dois coelhos com uma cajadada só": reduzir o espaço ocupado pelo motor longitudinal, ao mesmo tempo em que se eliminaria o eixo de transmissão (cardan) e o consequente túnel no meio do habitáculo do carro.

3.   Com a redução do espaço ocupado pelo motor longitudinal, o habitáculo das pessoas poderia ser ampliado para propiciar a sensação de "maior por dentro".

Um bom design, estendendo e inclinando o para-brisa para cima da nova área do capô, completaria a sensação de amplitude interna que os carros da empresa passaram a ostentar.

Um carro que os clientes não sabiam que queriam! Passaram a DESEJÁ-LO ardentemente! Mais uma vez: SUCESSO!

A empresa saiu do vermelho, pagou o empréstimo antes do prazo e voltou a se firmar como uma das grandes competidoras deste mercado.

Atualmente, todas as concorrentes aplicam estes mesmos critérios em suas linhas de veículos.

Que houve em comum entre as duas circunstâncias?

A visão de um líder e sua capacidade de escutar e descobrir aquilo que o cliente ainda não sabe que quer.

Faz-me lembrar de um sábio conselho de um cliente especial de consultoria, Sr. Wilson Araújo: "quando você precisar liderar alguém para realizar aquilo que é necessário ser feito, você precisa descer até as limitações das pessoas".

Assim como fazemos para escutar as crianças, para atendê-las naquilo que ainda nem sabem que querem.

COMO DESCOBRIR O QUE OS CLIENTES AINDA NÃO SABEM O QUE QUEREM?

1.   Identificando o perfil da clientela potencial,

2.   Sondando indiretamente, de modo que se expressem livremente, sobre suas inquietudes, expectativas e insatisfações quanto a produtos ou serviços no mercado,

3.   Conduzindo seu raciocínio para propostas de soluções: Pergunta típica: E se...?

4.   Compartilhando e validando as propostas surgidas junto a toda clientela. De modo a ajustar as expectativas, desejos, e valoração aceitável para aquisição das soluções apresentadas.

Há algum tempo um amigo e cliente, de uma sabedoria muito discreta, nos convidou um dia para um churrasco em sua chácara próxima de Fortaleza, aprazível cidade litorânea e capital do Ceará, no nordeste do Brasil.

Lá pude experimentar duas oportunidades de aprendizado a partir da humildade e da criatividade camponesa, na prática real em um ensolarado domingo de verão.

Acompanhando seu capataz, fomos ao terreno contíguo buscar uns temperos e verduras frescos, para preparar uma salada, quando percebi a curta distância, umas rústicas construções feitas de galhos retorcidos de lenha, suspensos como uma mesa, a uma altura de uns 80 centímetros do solo, por pilares do mesmo tipo de madeira contendo terra adubada, e viçosos pés de coentro, salsa, cebolinha, cebola, alho, tomates etc...

Fiquei estupefato e curioso com aquilo e perguntei ao Sr. João Pezão, o capataz, a razão de plantarem daquele modo. A resposta de uma simplicidade acachapante, veio com a maior naturalidade.

"Dotô, o senhor sabia que é a necessidade que faz o sapo saltar?"

"Onde tem pouca água tem que poupar, senão a terra bebe mais do que ela precisa" A gente rega a terra adubada, suficiente para manter as hortaliças bem viçosas, o que cair depois no chão, a terra distribui para o resto.

Rapidamente me transportei mentalmente para as hortas plantadas nas periferias das grandes cidades, consumidoras de toneladas de água, que flui diretamente para os lençóis freáticos, água tratada que teria melhor destinação para outros usos humanos.

Um fenômeno interessante da capacidade humana de aproveitar oportunidades é demonstrado quando nos centros das cidades, começa a chuviscar.

De repente, como se fossem aqueles insetos que à noite circulam as lâmpadas, dezenas de vendedores surgem do nada com os mais variados modelos e cores de capas e guarda-chuvas.

Notei várias vezes, que os preços sobem à medida que a chuva se torna mais forte, e baixam assim que começa a estiar.

Será que no seu negócio há momentos que se devam aproveitar deste modo de atuar com o oportunismo destes vendedores? Promoções em certos horários, pagamento do tempo de parquímetros em horários de baixa frequência, descontos especiais em dias de menor movimento, etc...

Tenha em conta que se você paga aluguel, estar de casa cheia vendendo, ou casa vazia sem vendas pagará o mesmo valor. Seu custo será o mesmo mas, o benefício será sempre positivo no primeiro caso.

Quanto à indústria, ofertas via e-mail ou redes sociais de produtos de alto estoque, dirigidas aos clientes que mais vendam tais itens (os 20% que compram 80% destes tais produtos).

Mas, lembre-se! Onde existem oportunidades, existem ameaças.

A concorrência não é uma ameaça em si mesma, pois mantém o empreendedor alerta para a melhoria contínua do seu processo operacional, apesar de opiniões em contrario mas, a concorrência desleal e predatória sim.

Você deve buscar meios de superar a concorrência leal ou desleal utilizando seus talentos, sua experiência e descobrir os seus próprios pontos fracos, e os da concorrência.

8.Ameaças

Muito importante estar sempre atento às ameaças da selva, pois predadores podem ser mantidos à distância, com uma simples fogueira à noite. Todos os animais temem o poder do fogo.

Entretanto durante o dia, os animais peçonhentos por exemplo, estão à espreita de um almoço incauto e você poderá, sem perceber, estar a meio caminho do seu bote certeiro e levar uma picada mortal.

Esta picada mortal, nos balanços empresariais tem nome: dependência de capital de terceiros, aí está escondida uma víbora peçonhenta que se chama juros e nasceu de um ovo chamado déficit.

Este déficit pode estar disfarçado em muitos pontos de um projeto inicial de uma empresa, representado por um planejamento de imobilizações e insumos superestimado e/ou capital subestimado.

Neste caso a solução é mais simples: se reduz a imobilização de capital ou se agrega um novo sócio ou investidor para equilibrar os planos.

Mas, outro modo é resultante de deficiência no reinvestimento dos lucros ou na sobre estocagem de insumos ou produtos, numa empresa já existente.

Lembre-se mercadoria é capital de giro, tem que girar na velocidade ótima, que permita ser paga com o resultado da própria venda, na data do vencimento do título.

Juros são venenos, os de mora são as jararacas ilhoas, as serpentes que matam mais rápido no planeta.

Perceba rápido, quando sua liquidez se tornar lenta desde o primeiro título que não puder pagar na data. Pare tudo, principalmente as compras.

A prioridade UM será sempre, estancar o avanço do veneno pois, se esta providência não for tomada no primeiro momento, todo o corpo começará a sofrer um processo crescente de paralisia e a dependência inicial de capital de Bancos avançará, perigosamente para financeiras, escritórios de factoring e, por fim, agiotas que como as hienas, limparão os ossos da presa e completarão a derrocada do negócio, que antes era aparentemente tão promissor. Juros sempre começam a partir de um primeiro déficit (deficiência).

Então ataque rápido e elimine esta deficiência, o quanto antes. Não espere que a infecção se generalize.

Ganhe independência financeira através da reinvenção do seu negócio, venda de bens do ativo imobilizado da empresa ou até mesmo de propriedade pessoal. Tudo que esteja, em depreciação num mercado depressivo.

A dependência de capital de terceiros avança de um modo traiçoeiro, assim como o vício no crack.

Parece fácil e barato mas, no decorrer do tempo, este barato sairá muito caro e não será fácil se livrar dele.

Mas, não faça nada sem iniciar primeiro a reinvenção do seu negócio. A eliminação de maus hábitos de gestão, praticados durante os tempos de bonança.

Comece montando um programa de redução de estoques e de renegociação de dívidas, considerando que dívidas são tão inevitáveis como a morte e receitas são tão incertas quanto uma loteria.

Se você perceber que poderia estar em vias de enfrentar um processo recessivo estrutural, comece já o procedimento cirúrgico preventivo:

a. Aja no sentido de escoar os estoques parados, num processo de LIQUIDAÇÃO à vista ou no cartão de débito. Primeiro identifique quanto tempo estas mercadorias estão paradas, reduza suas margens até o limite do custo das mercadorias. Desapegue-se de tudo aquilo que já tenha sido pago através das vendas e as margens de outros produtos de alto giro. Nem é justo que produtos platinum, paguem por produtos CHUMBO (de giro pesado, lento).

b. Compre apenas aquilo que seja necessário a manter ativas sua produção ou suas vendas. Às vezes é até melhor parar de comprar certos insumos e produtos diretamente de fornecedores que lhe exijam cotas mínimas, prazos de pagamento muito curtos, e passar a adquirir temporariamente estes mesmos insumos e produtos nos distribuidores, que apesar de praticarem preços um pouco mais altos, não lhe exigem estocagem excessiva que lhe corroeriam as margens de lucro.

c. Planeje as receitas conforme seu histórico dos últimos cinco anos para ajustar melhor as médias que você considerará no plano, como futuras receitas mensais. Eleja aqueles 20% de clientes que são responsáveis por 80% do valor de suas receitas. Crie um plano agressivo de fortalecimento mútuo, através de um fluxo físico e financeiro harmonizado que permita aos seus clientes continuarem adimplentes, e fidelizados durante a crise e depois dela. Seu negócio manterá a clientela, ampliará sua liquidez e reforçará a marca.

d. Identifique seus credores tendo em conta, eleger prioridades a partir do vital que é manter o crédito e o fornecimento fluindo, para o eventual.

Ao comprar a prazo, busque sempre negociar de modo que o prazo concedido pelo fornecedor, possa cobrir todo o tempo de comercialização do produto.

Salvo que seu fornecedor esteja no mesmo bairro que seu empreendimento, o movimentar da mercadoria desde a expedição dela até sua recepção, consumirá algum tempo por menor que seja. Se seu fornecedor depender de transportar as mercadorias até seu endereço, consumirá um tempo que será deduzido daquele prazo que lhe foi concedido para vender a mercadoria.

Então o prazo para a comercialização se encurtará.

Para que você comece a ter liquidez nos seus estoques, precisará efetivar uma delicada gestão deste tempo que você terá para vender as mercadorias de modo a pagar a respectiva duplicata na data do vencimento (saiba como, no item 7).

Um macete interessante para ajudar na liquidez, principalmente em tempo de recessão e comercialização lenta, é que no momento da compra solicite ao fornecedor que as duplicatas sejam emitidas para cada data de vencimento, com os valores divididos, de modo que você possa pagar todo, ou se não, pague uma parte pontualmente.

Você pode até eleger um valor máximo para cada título para cada data de vencimento.

Exemplo: 30 dd = 6.000.00;. 45 dd = 6.000,00;

60 dd= 6.000,00. Assim quando você não tenha como pagar o valor integral atrasaria o pagamento e pagaria multas e juros sobre os R$ 6.000,00.

Porém se seu fornecedor dividisse os valores em dois ou mais títulos para pagamento nas mesmas datas, (como: 2 duplicatas de R$ 3.000 na mesma data de vencimento), caso você não consiga quitá-lo totalmente na data aprazada, pagará metade do valor no vencimento, sem pagar multa e juros por tê-lo pago pontualmente.

A outra metade poderá ser quitada, às vezes no caixa do dia seguinte, com pequeno atraso mas, com multa e juros calculados apenas sobre a metade do valor, reduzindo-se assim os custos financeiros da operação.

Vantagens para a relação comercial entre as partes:

O fornecedor manterá um melhor fluxo de recebimentos, sua empresa preservará a imagem positiva e desembolsará menos custos financeiros, quando pague os títulos em valores menores.

A relação creditícia entre ambos, se mantem harmônica e produtiva.

e. Eleja em seguida como prioridade; o urgente antes do importante. (Ver matriz de Eisenhower, nos anexos) O primeiro título atrasado é motivo suficiente para acender uma luz amarela no seu painel de controle, porque pode estar se aproximando ao longe, o momento em que ocorra o primeiro apontamento em cartório, e quando nem assim consiga quitá-lo a tempo, o primeiro protesto, que será seguido muito rapidamente das restrições de crédito junto aos fornecedores. São os primeiros sinais da tormenta fatal que se aproxima.

f. Monte rápido um plano de negociações em duas etapas, de

modo que possa prometer e cumprir as promessas. Lembre-se você tem que merecer CREDIBILIDADE, mesmo que seu crédito esteja abalado momentaneamente. Nenhum credor quer matar a galinha dos ovos de ouro.

Selecione os 20% de fornecedores que representem mais de 80% de seu volume de dívidas, Dê prioridade um aos fornecedores de insumos e produtos vitais ao funcionamento do negócio.

Faça o mesmo procedimento com os credores financeiros,

Por fim proceda com os mesmos critérios com dívidas tributárias. Estas também são importantes mas, sempre se pode negociar com o estado, desde que não se soneguem os impostos devidos.

Atrasar pagamentos não é crime. Sonegar é.

g. Prepare o processo de negociação e quitação dos títulos numa escala dos menores primeiro, para que se possa eliminar a maior quantidade possível, logo no começo, restando os mais pesados para quando a empresa comece paulatinamente recuperar-se financeiramente. (Lembra-se de Descartes?)

h. Inicie um esforço paralelo concentrado sobre a cobrança dos seus créditos atrasados em mãos de terceiros. Organize seus recebimentos com os mesmos critérios utilizados com seus pagamentos.

i. Fuja dos Bancos, que numa recessão, com suas taxas de juros e tarifas altíssimas, são o território mais perigoso desta selva. (Aconselho a que mude de calçada, se tiver que passar a frente de um Banco e se houver outro Banco bem na outra calçada, é menos arriscado caminhar pelo meio da avenida, nestes tempos turbulentos)

j. Registre os custos fixos e recorrentes, valores que não dependem diretamente de suas receitas mensais tais como:

salários, obrigações trabalhistas, aluguéis, serviços públicos, comunicação, honorários de contador, assessoria, advocacia, serviços de manutenção e limpeza, etc...

k. Renegocie valores com aluguéis das instalações, serviços de segurança eletrônica, assessorias, manutenções etc...

l. Registre os custos variáveis (que se originam diretamente das receitas da empresa) : materiais e mercadorias, Impostos diretos, comissões, royalties. Etc...

Subtraia tudo, das receitas previstas pelas médias, reduza 30% deste valor como fator imponderável e considere este resultado como uma VERBA para cumprir as negociações e pagamentos a partir de um prazo mínimo de carência de 90 dias da data da contratação.

m. Corte despesas de modo criativo que, além da redução nos custos, possibilite uma solução duradoura e não apenas imediata. Ex: tarifas de serviços bancários, comunicação, energia (substituições, dimers) água (descargas seletivas) telefonia (usar aplicativos grátis) etc...

8.1 A mãe de todas as ameaças

Esta pode ser a maior e mais dissimulada forma de concentrar riqueza gerada pelas atividades produtivas em favor do estado perdulário e hipertrofiado e que não permite aos empreendedores utilizar e multiplicar esta riqueza, é a origem da queixa dos empreendedores de pequeno e médio portes destes pais: "trabalho, trabalho, de sol a sol e não consigo progredir nunca"

A origem disto tudo está no perverso sistema de tributação, extremamente elevada associada à antecipação da cobrança dos tributos, antes que o valor gerado pelo faturamento entre no caixa das empresas.

Isto provoca descapitalização, dependência de capital de terceiros (bancos e financeiras) empobrecimento e perda de poder político dos 98% dos empreendimentos, que enfraquecidos não podem alcançar representatividade para reivindicar uma reforma tributária, que de fato faça justiça aos seus enormes esforços para prosperar. Veja a tabela simplificada na página 214.

É uma mera simulação com percentuais e valores de apenas dois impostos de gestão federal (IPI – Imposto sobre Produtos Industrializados e ICMS – Imposto sobre Circulação de Mercadorias e Serviços).

Note a injustiça fiscal, quando ao conceder crédito e prazo de pagamento ao cliente, o empreendedor só receberá o valor da venda ao fim de prazos entre 30 e 90 dias.

Mas o Leviatã do Estado obeso e perdulário, arranca antecipadamente a sua parte no prazo médio de 15 dias, obrigando ao setor produtivo a socorrer sua liquidez no mercado financeiro, pagando umas das mais altas taxas de juros do planeta, oferecidas pelo mesmo governo, ao tomar crédito (taxa Selic).

Este conluio permite a indecente hipertrofia do sistema financeiro, num circulo vicioso perverso.

Este estado de coisas persiste ininterruptamente e é um fator importante da baixa produtividade e competitividade das empresas brasileiras nos mercados internacionais.

O que mais me assusta é que, salvo perda de minha memória, nunca vi qualquer artigo dos famosos analistas econômicos ir além da lengalenga da carga tributária mas, nenhuma linha sobre este confisco disfarçado, que exaure os empreendimentos desde seu nascedouro até sua morte.

Esta ameaça não é como um leão na selva, que você pode ver e atacá-lo para se defender e sobreviver.

É como um vírus do EBOLA, H1N1, ou outros tão em moda na imprensa, atualmente.

Os empreendedores devem criar um MOVIMENTO para

dentre outros temas, obrigar a uma reforma tributária.

MODELO PERVERSO DO SISTEMA DE ARRECADAÇÃO TRIBUTÁRIA NO BRASIL				
TESOURO DO ESTADO		CAIXA DOS CONTRIBUINTES		
PRAZOS DE RECEBIMENTO	À VISTA	30 dd	60 dd	90 dd
Insumos produção				1.000.000,00
Matérias-primas			1.500.000,00	
Transformação			2.000.000,00	
Varejo		4.000.000,00		
Margem %		50%	40%	30%
Margem R$		2.000.000,00	1,400.000,00	300.000,00
Difer. ICMS 10%	850.000,00			
IPI 10%	850.000,00			
% RETORNO	100%	47%	41,18%	11,82%
PRAZOS MÉDIOS	15dd		60dd	
TOTAL (IPI+ICMS)	20%			
ARRECADAÇÃO	1.750.000,00			

8.2 As armadilhas da comunicação interna e externa:

A (má) comunicação é um dos piores problemas que qualquer organização pode enfrentar. Por isto, devemos tratar muito cuidadosamente da BOA COMUNICAÇÃO, entre as clientelas: interna e externa.

Crie um fluxo de comunicação interna baseada em mensagens simples, curtas e diretas, via e-mail com cópias a todos os envolvidos, direta ou indiretamente, na cadeia de comando. Deixe a comunicação verbal para os momentos de ação crítica ou para reuniões.

Reuniões, por mais simples que possam ser, devem obedecer a uma pauta previamente pactuada entre os participantes e se dividem em ordinárias (com dia e horário pré-determinados e não mais que três assuntos na pauta).

Extraordinárias ou de emergência, sem pauta e convocadas por telefone ou outro meio interno, realizadas presencial ou virtualmente para atender alguma emergência.

IMPORTANTE: em ambos os casos, registrar em meio apropriado os temas, as sugestões e as soluções estabelecidas.

Concentre-se em seguida nas soluções de mercado, interno e externo ao seu negócio, obedecendo a um criativo plano de ações, bem definido, compartilhado, do conhecimento e comprometimento dos responsáveis por cada tarefa.

MUDE A CIRCUNSTÂNCIA.

Como tratar a concorrência predatória.

"Aquele que conhece o inimigo e a si mesmo, ainda que enfrente cem batalhas, jamais correrá perigo. Aquele que não conhece o inimigo, mas conhece a si mesmo, às vezes vence, às vezes perde. Aquele que não conhece o inimigo nem a si mesmo, está fadado ao fracasso, e correrá perigo em todas as batalhas".

~ Sun Tzu: General chinês (544 – 496 aC)

Leia de novo e reflita sobre a analogia com seu negócio.

Este tipo de concorrência, supõe atitudes demolidoras, principalmente aquelas de forma direta sobre os preços de produto similares, praticados por sua empresa.

Sua resposta deve ser dada com muita cautela, partindo-se de ações proativas, iniciadas com um processo de identificação pormenorizada das informações.

Se você atua no campo da indústria, e seu canal de distribuição envolve redes de atacadistas ou varejistas como supermercados, mercearias, lojas especializadas, o alvo da concorrência é o lugar ocupado por seu produto nas prateleiras, tão difícil de conquistar e manter.

Se seu concorrente ocupar este território, sua marca pode sair da mente do seu consumidor e este pode ser o objetivo dele, seguramente.

Se você se decidir a sacrificar as margens deste seu produto atacado, criará um circulo vicioso que levará a perda de dinheiro, o que nunca deve ser seu objetivo em nenhum caso ou momento.

Lembre-se: o dono daquele território é o seu revendedor, não é você nem o seu concorrente. Descubra suas intenções, além das óbvias ligadas ao lucro. Identifique junto ao seu consumidor, preferencias de momento que pode nem ser o preço em si mesmo.

Procure atuar sobre fatores sob seu domínio por exemplo: suas margens de contribuição, para identificar até onde pode manter a percepção de VALOR do produto ante seu consumidor.

Mantenha sua posição no território já conquistado. Entenda que esta posição já lhe custou muito investimento

Muitas vezes uma vantagem clássica e muito utilizada é: Mais pelo mesmo preço, o que atrai o cliente para a escolha, mantém o seu espaço na gôndola, na prateleira ou na vitrine e ao mesmo tempo, mantém seus níveis de produção e retarda a escolha do consumidor para a compra do produto da concorrência. Você vende mais, o cliente compra mais, você mantém o espaço conquistado e o consumidor se mantém fiel à sua marca.

Outra providência, muito oportuna, pode ser a do lançamento de uma nova fórmula mais concentrada ou econômica, antialérgico, novo sabor, ou amostra grátis do lançamento para um novo segmento (crescente) de consumidores tais como: idosos, diabéticos, dietéticos, atletas. etc...

Quando se trata de uma concorrência predatória no varejo de moda por exemplo, onde os níveis de estocagem de um produto ou modelo não são muito grandes, algumas táticas que poderão funcionar bem se combinadas ou não podem ser: substituir marcas tradicionais por novas, que permitam atuar com preços mais competitivos mantendo suas margens ou a que chamo camuflagem: consiste em transferir o produto e seu preço da vitrine, para exposição em outro local dentro da loja ou até mesmo retirar temporariamente o produto de exposição, esperando que o concorrente venda seu estoque, muitas vezes com perda de dinheiro, para em seguida, você voltar a expor e vender seu produto em condições ideais de preço e prazos de costume. Esta atitude lhe dará também, tempo para analisar melhor a conveniência de manter este produto ou marca em seu portfólio.

"Aquele que conhece o inimigo e a si mesmo, ainda que enfrente cem batalhas, jamais correrá perigo."

1. **Pesquise sobre tudo que estiver ao seu alcance,** sobre este seu concorrente e a clientela dele: conheça sua história desde a origem, sobre os fundadores, sucessores, gestores, seu estilo de vida, seus planos de expansão, sua missão e tudo mais que lhe possa dar uma melhor visão sobre o perfil do concorrente, e principalmente, qual a qualidade de suas relações com a clientela.

2. **Quais são suas melhores forças e suas piores fraquezas:** societárias, econômicas, financeiras, logísticas, trabalhistas, tributarias, creditícias, relação com sua clientela etc...

3. **Trace um plano para contra atacar o concorrente,** através do seu flanco mais fraco. Pode ser que esta ação seja atacar um produto ou linha mais vulnerável, para força-lo a se ocupar com a defesa do produto dele e arrefecer a concorrência desleal sobre o seu.

"Aquele que não conhece o inimigo nem a si mesmo, está fadado ao fracasso, e correrá perigo em todas as batalhas"

Um exemplo muito inspirador, que reflete o pensamento inicial deste capítulo, é o do conto a seguir:

Num povoado longínquo dos confins da China, que vivia da exploração da milenar cultura do arroz, fundamental para a sobrevivência dos agricultores e fonte de renda para toda aquela remota aldeia.

Numa certa manhã, ao chegarem ao arrozal, os camponeses se assustaram com uma enorme revoada de um bando de pássaros desconhecidos na região e, ato contínuo, logo descobriram quase em pânico, o dano causado por aquela espécie de ave aos pendões de arroz, em pleno período de colheita.

Desconsolados mas persistentes, buscaram colher tudo que lhes havia restado e regressaram à aldeia, para armazenar a colheita e se reunirem ao anoitecer, com o patriarca do local.

Contaram-lhe o que acontecera e sobre suas preocupações com o futuro e das necessidades vitais que seu povo sofreria, ante uma ameaça tão avassaladora de fome iminente.

Escutando calado, em seguida o velho líder perguntou-lhes:

O que vocês sabem sobre este pássaro?

Nada além de sua capacidade de destruir nossa tão sofrida lavoura, respondeu-lhe um dos aldeões.

Então, amanhã voltem até a plantação como é sua rotina mas, cheguem uma hora antes do alvorecer, se ponham às escondidas no meio do campo e esperem que cheguem as aves.

Anotem a hora exata em que chegarem e tudo mais que possa identificar a respeito desta praga, sugeriu o ancião.

No dia seguinte, os camponeses cumpriram a risca sua orientação, anotaram tudo que se referia àquela ameaça e o que lhes restara de espigas de arroz.

Ao anoitecer, voltaram à cabana do guru e lhe apresentaram o que cada um deles havia percebido:

É um pássaro pequeno, disse o primeiro, tem um aspecto de muito robusto, pesadão, disse o seguinte, chegam ao arrozal nos primeiros raios de sol, disse um terceiro.

Nada mais de importante? perguntou o homem sábio.

Uma frágil senhora lá do fundo da salinha, quase gritando bradou: É um pássaro estranho, tem um voo muito curto, não é como os pássaros que vemos comumente por aqui.

A plateia silenciou esperando uma manifestação do guru que permanecia inerte com os olhos semicerrados, como corresponde aos gurus orientais, meditando sobre o tema.

Depois de um interminável par de minutos, abriu os olhos e fitando a plateia, exclamou:

Vocês mesmos já têm a solução: diga-nos, qual é a maior debilidade desta ameaça?

Todos se entreolharam mas ninguém respondeu, exceto aquela mesma e insegura senhora lá do fundo da salinha:

Seria seu voo curto?

Sim senhora, a fraqueza deles é o voo curto.

Lembrem-se: nenhuma ameaça é tão poderosa que não tenha uma fraqueza sequer.

No voo curto, reside o flanco por onde vamos eliminar de uma vez por todas esta ameaça.

Mas, que esta lição sirva para enfrentar outras ameaças que virão para a nossa ou para próximas gerações.

Antes de qualquer coisa registrem logo esta solução no livro de memórias da aldeia, finalizou o guru.

Primeiro passo: reúnam todo tipo de objeto que possa fazer o máximo de barulho: apitos, cornetas, bumbos, panelas, ferramentas, tudo.

Segundo passo: acordem ainda mais cedo e se distribuam em distâncias regulares que cubram todo o arrozal, escondam-se na plantação e esperem silenciosamente.

Terceiro passo: Assim que notem a revoada dos pássaros ponham-se a fazer o máximo de ruído com os apetrechos e instrumentos, gritem a todos os pulmões sem parar um instante e notem o que vai acontecer.

Dito e feito: com toda aquela algazarra, a passarada voava em pânico e não conseguia pousar para descansar.

Após menos de meia hora, todos os pássaros jaziam mortos, espalhados pelo campo.

Haviam morrido de infarto pelo esforço de permanecer voando sem parar o tempo todo, capacidades físicas da qual não estavam naturalmente dotadas. Eram pesadas aves de voo curto.

Os camponeses voltaram todos felizes à aldeia depois da colheita daquele dia, que além de arroz, também incluía uns bem robustos passarinhos para fritar, bem ao gosto da culinária chinesa.

MORAL DA ESTÓRIA: Ameaças existem e sempre existirão. Não nos assustemos com elas. Respeitemos, vigiemos e aprendamos onde estão suas debilidades e estabeleçamos estratégias e táticas adequadas para eliminar o perigo.

SEM PÂNICO!

Outro exemplo:

A arqueologia bíblica, depois de muito estudar o sitio arqueológico da antiga Jericó, que segundo os relatos fora destruída, por forças do Rei Hebreu Josué por volta do ano

1400 AC, comprovou cientificamente que tal evento aconteceu de fato.

No relato das escrituras, conta-se que depois de um cerco de seis dias e seis noites, no qual os hebreus circundaram as muralhas sem parar, até que no sétimo, estacionaram as tropas em frente a um dos flancos da fortificação e puseram-se a tocar suas trombetas e a gritar muito alto e ao mesmo tempo, até fazer ruir aquele flanco, por onde as tropas de Josué invadiram e destruíram pelo fogo toda a cidade, que amaldiçoada, nunca mais se reergueu ou foi reabitada (A Jericó histórica atual está edificada a aproximadamente um quilômetro de distância da bíblica).

Vemos aí que em ambos os casos; Conhecer o inimigo, suas forças e debilidades foram fundamentais para a vitória.

Há que se deduzir que o sítio à cidade, assim como a circundação persistente das muralhas tiveram importância na identificação do flanco mais fraco a ser atacado.

A arma utilizada, foi um recurso de ressonância conhecido pelos hebreus e desconhecido pelos defensores de Jericó, surpreendidos pelo recurso que jamais poderiam imaginar a existência.

Ou seja, os hebreus descobriram o ponto fraco da muralha de Jericó, enquanto os defensores da cidadela nada sabiam sobre a arma secreta dos Hebreus.

4. Como tratar a concorrência leal

Se não formos reativos, o aparecimento de um concorrente no mercado onde estamos estabelecidos, poderá ser até muito útil de diversas maneiras.

A principal delas é fazer você "tirar a sua bunda da cadeira".

Uma lembrança pessoal, me ajuda a ilustrar um episódio muito marcante para mim e adequado para este caso:

Logo após ser admitido na General Motors, fui apresentado

formalmente ao meu chefe imediato e aos companheiros de trabalho.

Enquanto meu novo chefe tecia comentários sobre os detalhes das funções do meu cargo, apesar da máxima atenção que eu prestava, havia um prisma de madeira sobre sua escrivaninha, que desviava o tempo todo a minha visão e atenção para uma palavra que me intrigava: YCSASOYA.

Seria uma palavra indígena ou alguma expressão esotérica?

Como em minhas orações, sempre pedia e peço ao Criador que nunca me permita perder a curiosidade, guardei a pergunta para o final, para não interromper a reunião.

Ao término da entrevista e sem caber em mim de tanta expectativa, perguntei ao meu novo chefe o que significava aquela palavra.

Ao que ele, primeiramente se desculpou, explicando que aquele prisma estava voltado inadvertidamente para o lado errado da mesa.

Quando ele virou a peça para o lado certo, pude ver que do outro lado estava entalhado o seu próprio nome.

Assim mesmo, insisti em conhecer o significado.

Ele complementou: é apenas uma sigla que todos os gerentes e pessoal de chefia, têm sobre sua mesa de trabalho.

Significa: YOU CANNOT SEE ANYTHING SITTING ON YOUR ASS.

Traduzindo: "Você não consegue ver nada, sentado sobre seu traseiro".

É uma ideia-força que alerta para todos nós que enquanto estivermos sentados em nossa zona de conforto, não teremos ângulo para perceber as ameaças e OPORTUNIDADES (que "estão sempre aí").

Se não estivermos permanentemente atentos, enquanto isso,

o concorrente predador, as perceberá e se aproveitará de nossa distração. Assim como na selva, um descuido pode sempre ser fatal.

Não acredite que "o acaso vai lhe proteger enquanto estiver distraído".

Na selva da competição isto simplesmente não funciona.

5.   Vendendo sua imagem

A imagem do negócio pode valer mais para o seu mercado que o patrimônio líquido ou os ativos imobilizados.

O valor de um bem ou de um negócio, depende mais do valor que o mercado percebe, do que o patrimônio físico, ativo imobilizado, que lhe pertença, assim como sua raridade no setor onde opera.

Por esta razão, a construção de uma imagem confiável, é um fator de suma importância para a perpetuação da empresa no mercado.

Honrar contratos, cumprir promessas, escutar e atender as aspirações da clientela, agregar valor aos produtos e praticar preços justos são todos, pontos importantes para criar CONFIANÇA dos consumidores ou usuários dos seus mercados-alvo.

Ações sociais sinceras, e verdadeiras geram imagem positiva nos mercados e junto aos seus clientes. Atitudes amigas do meio ambiente, também.

6.   Encantando a clientela

Escutando, perguntando, surpreendendo.

Um importante aspecto nesta fase do processo é um complemento ao ensinamento de Sun Tsu: para vencer um inimigo (concorrente leal ou desleal) será necessário reunir aliados de modo a atacar aos inimigos por muitos flancos.

Os seus melhores aliados serão seus clientes.

Assim como:

"Aquele que conhece o inimigo e a si mesmo, ainda que enfrente cem batalhas, jamais correrá perigo."

Aplica-se também aos aliados, conheça o melhor possível aos seus clientes, criando canais efetivos e ágeis de comunicação, para conhecer aquilo que sabem e aquilo que ainda não sabem que querem.

Surpreenda-os e atenda a suas expectativas, antes mesmo que seus concorrentes (inimigos) o façam. Deste modo se fortalecem os laços entre sua empresa e sua clientela ao tempo que se enfraquece a influência dos seus concorrentes sobre eles.

Utilize todo e qualquer canal de comunicação direto ou indireto com sua clientela, o tempo todo. Isto é parte essencial da atuação NO FOCO DO CLIENTE.

Encantar a clientela passa por isto: Humildade para alcançar o exato nível de interesse do cliente, passa por se colocar no foco do cliente.

Se colocar no seu nível também consiste em perguntar e escutar. Perguntar, escutar, corrigir, até poder estrear o show.

Tenha plena consciência que você nunca terá uma segunda chance de causar uma boa PRIMEIRA impressão.

Conheço um empresário que desenvolveu uma técnica surpreendentemente simples de encantar clientes externos e internos e mais ainda, aos não clientes.

Ele se torna surpreendente quando, ao receber um cumprimento de bom dia, onde quer que esteja, responde de cara séria: Bom dia NADA!

O interlocutor se cala e o silêncio imediatamente espalha certa tensão nas pessoas ao redor, para logo em seguida ele exclamar com vigor e um largo sorriso : EXCELENTE DIA!

Imediatamente todos relaxam, sorriem e seus semblantes se iluminam. Deste modo, por onde passa se torna inesquecível. Cumprimenta a todos por aonde vá, principalmente desconhecidos, homens, senhoras, crianças, até mascotes.

Sua explicação poderia ser que assim está semeando clientes em potencial mas, ele afirma que é algo mais simples ainda. "Faço isto apenas para que mais pessoas tenham momentos felizes pois, um dia descobri uma estatística que me assustou: a maioria das pessoas que tem contato com pessoas, raramente recebem um elogio, sequer um cumprimento por dias, semanas e meses a fio".

Experimente isto, quando passar por uma cabina de pedágio, num posto policial, num PDV de um supermercado: leia o nome no crachá do empregado e o cumprimente pelo próprio nome. Deseje-lhe um excelente dia, veja a reação e avalie quanto tempo e dinheiro, isto tudo consumiu.

7. Estoque é capital em giro (pagar duplicata, com a própria venda)

Poucos empreendedores se concentram nesta verdade mas, não existe produto mais perecível no mundo que dinheiro. Seja em forma de notas, crédito ou estoques.

Principalmente num ambiente econômico recessivo e inflacionário.

Por isso, contar com eficientes sistemas de gestão e controle físico e financeiro, é fundamental para manter o negócio sob seu domínio e não sob domínio de terceiros, como bancos, fornecedores, governos.

O seu negócio deverá priorizar a LIQUIDEZ dentre os três fatores da gestão financeira que são:

a. Segurança

b. Rentabilidade

c. Liquidez

Analisemos então alguns negócios para entendermos melhor porque um negócio industrial, comercial ou de serviços deve priorizar a liquidez no seu fluxo de caixa:

– Imóveis

• Alta segurança (Pedra e cal, negócio concreto)

• Rentabilidade (baixa remuneração sobre o capital empregado na compra)

  • Liquidez: baixa, pelo ciclo longo para venda do bem).

– Indústria

• Média segurança (aplicação intensiva no imobilizado)

• Rentabilidade (dependente do mercado, da mão de obra qualificada, da tecnologia, das escalas de produção)

  • Liquidez: média, pela necessidade de financiar a rede de revenda.

– Varejo

• Baixa segurança (baixo valor do ativo imobilizado)

• Rentabilidade (média, dependente do mercado)

• Liquidez: alta por vendas a vista e recebimentos a curto prazo.

Sistemas de gestão e controles financeiros, que compreendam as compras, estoques, vendas, caixa e bancos, fluxo de caixa, existem aos montes e grátis na internet. Como exemplo:

https://zeropaper.com.br/r/planejamento-financeiro

Mas atenção: apenas ter os controles muito bem afinados, não é suficiente para manter um voo seguro para seu negócio, pois de nada adianta registrar tudo direitinho, se a consulta diária não resultar em ações concretas e ágeis, por parte do gestor do negócio.

Assim, treine seu pessoal, estabeleça as metas, cobre a pontualidade dos dados ao encarregado da tarefa de registro, colha os informes gerenciais e analise cada um pelo menos uma vez ao dia, preferencialmente pela manhã, antes que os bancos abram.

Praticar uma boa gestão da liquidez, gera lucratividade e reforça o fluxo de caixa como veremos a seguir.

Estabelecer com muito cuidado e precisão o PONTO de EQUILÍBRIO do negócio considerando... será que eu sei o ponto de equilíbrio – aquele exato momento em que começarei a 'zerar' meus custos?

Nos últimos textos, temos focado muito em questões associadas à gestão de pessoas e comercial. Neste, vamos tratar de um aspecto muito relevante, na gestão financeira dos negócios, principalmente quando este negócio está na fase de estruturação, é estabelecer qual o nível de faturamento requerido em seu empreendimento para atingir o seu ponto de equilíbrio (Break Even Point)?

Para quem pratica a administração no dia-a-dia pode parecer algo fácil de explicar. Mas, encontramos alguns empreendedores noviços, considerando apenas os custos diretos integrantes da elaboração do produto ou da prestação do serviço, tais como: matérias primas, folha de pagamentos, impostos, entre outros. Entretanto, a medida mais adequada deve contemplar um exercício que considera os custos diretos, mas também todos aqueles que têm forte impacto na rentabilidade do seu negócio.

Tanto empresas em fase inicial como as que estão passando por uma recessão conjuntural ou estrutural, frequentemente se perguntam: qual o nível de vendas a ser atingido para que meu negócio passe a ser lucrativo?

É prioritário entender o relacionamento entre suas receitas e suas despesas, ou seja quais custos aumentarão ou se manterão inalterados quando houver um aumento no volume de vendas? Qual o preço a ser praticado para que eu recupere meus custos? Para melhor clareza, vamos avaliar alguns destes aspectos para descobrir se estamos considerando todos os elementos da equação.

– Custos variáveis

Os custos variáveis correspondem basicamente ao custo para produzir seu produto ou para executar seu serviço. Quanto mais você vender, maiores serão seus custos variáveis, como mercadorias, impostos diretos sobre as vendas, fretes, comissões, juros sobre recebíveis etc...

– Custos fixos

Alguns custos que se mantêm, independentemente do seu volume de vendas: aluguel, salários, encargos, retiradas, energia, telefone, condomínio, taxas, internet, contador, assessorias, assinaturas, segurança, plano de saúde coletivo, manutenções recorrentes, seguros, materiais de consumo, juros de empréstimos, publicidade, etc...

– Custos totais

Soma dos custos fixos mais os variáveis (linha pontilhada, no gráfico da página 232).

– Vendas

Corresponde ao montante obtido pela comercialização dos seus produtos ou serviços.

– Margem de contribuição

A margem de contribuição representa o custo variável necessário para produzir uma unidade. A sua determinação é bastante simples: subtraia os custos variáveis do valor de venda. A margem de contribuição representa quanto cada produto gera para cobrir as despesas fixas e a margem de lucro. Serve também como parâmetro para o empresário definir quanto ele precisa receber para pagar os custos adicionais ao investimento já existente: os custos fixos.

– Determinação do Ponto de Equilíbrio

A fórmula é bastante simples: conhecido o valor dos Custos fixos e os percentuais correspondentes à soma dos Custos variáveis, pode-se montar a seguinte equação para a determinação da Receita para o Ponto de Equilíbrio (RPE):
$RPE = CF + x.RPE + y.RPE + z.RPE$

Sendo x a percentagem das despesas comerciais, variáveis relativas à receita total, y a percentagem das despesas financeiras variáveis relativas à receita total, z a percentagem das despesas variáveis de produção relativas à receita total.

Consideremos a hipótese de uma empresa, cujo custo fixo mensal seja de R$ 10.000,00.

Que os custos comerciais correspondam a 8% das vendas. As despesas financeiras a 1,5% das vendas e as de produção a 72% do valor das vendas, teremos:

$RPE = 10.000 + (0,08RPE + 0,015RPE + 0,72) RPE$

$RPE = 10.000 + 0,815RPE$

Deste modo, para não ter lucro nem prejuízo esta empresa terá de vender:

$RPE (1-0,815) = 10.000$ ou $RPE = 10.000 / 0,185$

O Ponto de Equilíbrio da empresa estará em R$ 54.054,00

Reconstruindo o cálculo:

RPE   54.054.00

CF 10.000,00

Desp. Comerciais : 0,08 x 54.054 = 4.324,32

Desp. Financeiras: 0,015 x 54.054 = 810,81

Desp. Produção: 0,72 x 54.054 =38.918,87

Veja e componha o gráfico como abaixo:

Na planilha em determinada escala (papel quadriculado ou eletrônica) registre primeiro a soma de custos fixos e estenda uma linha até o final do gráfico.

Em seguida registre a soma dos custos variáveis e estenda o pontilhado até o final do gráfico.

Do lado oposto, marque com um ponto o valor resultante da soma dos dois custos anteriores,

Trace uma linha a partir do vértice inferior esquerdo até o ponto final do pontilhado,

Trace outra linha a partir do começo da linha dos custos fixos, até o ponto referente aos custos totais.

Trace a linha da evolução das vendas, a partir do vértice inferior esquerdo até o final do gráfico. Aí é onde deverá estar o valor total das vendas necessário, para cobrir os custos, margem de contribuição e lucros pretendidos.

Onde as linhas de vendas e custos totais se cruzem aí estará o ponto de equilíbrio entre a zona de prejuízo e de lucro. Este ponto representa o faturamento mínimo que a empresa poderá realizar, sem lucro e sem perda.

Eixo V:

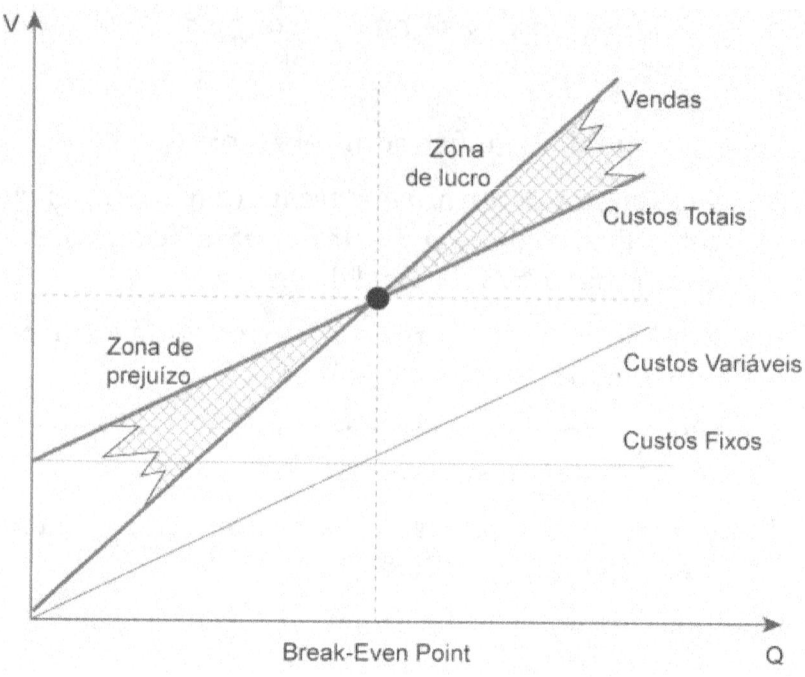

– A moeda própria

Seja em um período de inflação ou de estagflação, onde os indexadores governamentais deixam de ser confiáveis, recorrer a um indexador próprio, pode ser um fator a mais de segurança financeira, baseado em praticas muito simples e consagradas pelo tempo.

Este conceito é um recurso utilizado para criar-se um indexador perfeitamente adequado ao negócio onde o empreendedor está inserido, e muito útil para medir-se o real e específico resultado do empreendimento.

Exemplos:

Na pecuária se utiliza a arroba de gado negociada em bolsa de mercadorias.

No agronegócio se utiliza a saca do produto de maior representatividade de cada safra como saca de café, tonelada de soja, caixa de fruta etc...

Deste modo, os fazendeiros e produtores rurais, também indexam tudo o que compram de equipamentos a insumos, de veículos a viagens ("Está camionete, comprei com 200 arrobas de nelore". "A festa de casamento da minha filha custou 300 toneladas de soja").

Para criar o indexador que mais seja representativo em volumes físicos ou financeiros de cada negócio, fora destes mencionados setores, se costuma recorrer às estatísticas de vendas realizadas num dado período, seja um, dois ou três anos.

Este produto ou linha de produtos identificada, deverá ser eleito até que outro alcance esta importância sobre o faturamento da empresa e assim o substitua.

Isto permite ao empreendedor, ter total controle de sua realidade econômico-financeira dentro de um panorama de estagflação e por consequência, reduzir consideravelmente as influências do ambiente externo ao negócio como inflação generalizada ou oscilações especulativas de moedas estrangeiras.

– Como pagar a duplicata com o dinheiro da respectiva venda

Isto é resultante de uma prática simples, a partir dos seus registros de compra e venda.

a. Compre produtos que girem pois, os que não giram terão de ser pagos, com o resultado das vendas daqueles que giram e isto não é justo.

b. Antes de comprar, conheça o tempo médio de permanência daquele tipo de produto ou similar no estoque, prazo da entrega da nova mercadoria entre o faturamento e entrada no seu estabelecimento.

c. Deduza do prazo de pagamento concedido pelo fornecedor, este tempo de entrega. O resultante será o tempo que você tem para vender o produto e pagar o título.

d. Componha o mais rápido possível, o seu preço de venda com 100% de sua margem costumeira de contribuição, analise o valor aparente de cada modelo pois, produtos similares podem aparentar maior ou menor VALOR aos olhos do cliente. Ajuste suas margens, defina o preço, em seguida codifique e registre na etiqueta do produto: o preço, a data de entrada no estoque e a data-limite para pagamento da respectiva duplicata.

Se preferir, utilize nas etiquetas, uma cor para cada mês da entrada. Isto lhe dará um sinal imediato e permanente do tempo de estocagem, para medidas rápidas de promoção das vendas.

e. A cada semana verifique se o giro da mercadoria corresponde proporcionalmente ao tempo transcorrido entre a compra e a data prevista do pagamento. Se não, reduza sua margem de contribuição e o preço, de modo que na ultima semana o produto tenha o estoque esgotado, ainda que a margem média de contribuição não corresponda mais àquela inicial prevista.

f. Ainda que isto aconteça, a margem será sempre maior do que pagar juros de mora ou financiar estoque parado a juros de mercado.

g. Esta providencia reduz e praticamente elimina a necessidade de liquidações de fim de estação ou coleção.

– Custos visíveis & invisíveis

Torneiras gotejando

Imagine um estádio de futebol, cujo gramado seja repleto de torneiras, distantes um metro uma das outras.

Imaginem quantas destas estarão gotejando durante as 24 horas de cada dia.

Assim acontece com qualquer empresa, há gotejamento por todo lado que se olhar.

O bom gestor deve se ocupar de modo muito particular deste problema que aflige qualquer administração.

Como dizem os pantaneiros, "De nada adianta ficar toda noite atirando nos jacarés. É preciso drenar o pântano" Ou seja, atacar o mal pela raiz.

Na empresa, ser educativo é o melhor modo de liderar pelo bom exemplo, o pessoal empregado.

Campanhas internas anti desperdício, extensivas ao ambiente familiar e às crianças, funcionam melhor se precedidas de palestras demonstrativas iniciais e acompanhamento semanal ou quinzenal de avaliação de resultados, com criação de bônus incentivadores.

Nossa cultura da abundância, criou hábitos de consumo muito perdulários, a experiência da hiperinflação com reajustes automáticos, fez com que famílias adquirissem o péssimo habito de comprar para estocar, quantidades de bens e viveres muito acima das necessidades. Na estagflação que vivemos, todos devem se esforçar para se defender das consequências nefastas desta circunstância sobre as empresas e sobre as famílias, praticando bons hábitos, simples e práticos, como desligar a luz ao sair do ambiente, tomar banhos mais curtos, lavar roupas em lotes grandes, passar a ferro quantidades maiores para aproveitar o calor. Dormir com luz apagada, desconectar as tomadas dos eletroeletrônicos, etc...

No comercio e na indústria, é de boa prática identificar qual insumo está sofrendo elevação de preços para assim estabelecer campanhas internas de redução do uso ou consumo.

A alta dos preços de água e de energia elétrica e combustíveis, são realidades que impactam diretamente a produção ou comercialização das mercadorias.

Assim, estudar alternativas de geração de energias alternativas, como fotovoltaica, termo solar, eólica em propriedades rurais, pequenas indústrias de beneficiamento, comercio de funcionamento diurno, etc.. pode vir a ser um fator de independência de fornecimento a preços administrados pelo governo, e até se tornar fonte de renda extra pelo fornecimento dos excedentes da geração ao sistema elétrico interligado.

Conformidade e não conformidade

Todo processo de Qualidade, começa pela conformidade, que é estabelecida através de processos e registros padronizados, dentro do ciclo PDCA (em inglês: Planejando, Executando, Checando, Registrando).

Saiba mais em http://www.ubq.org.br/

O texto a seguir ilustra muito bem este tema:

O presidente da gigante indústria eletrônica de origem americana: Zenith, que tinha por hobby a jardinagem, estava sendo entrevistado por uma jovem jornalista na sede da empresa, e que ignorava este detalhe do hobby do entrevistado.

Ao fim da conversa, ela boa observadora, como se requer de uma entrevistadora, e buscando dar um toque mais humano ao estéril tema econômico que tratava, havia observado que o homem apresentava as mãos muito calejadas e de dedos muito nodosos, perguntou-lhe então com todo cuidado, a razão daquele estado de suas mãos.

Ele respondeu em tom sério, mas de brincadeira, que era porque ele ajustava todos os televisores que saíam de suas fabricas.

Ao notar a expressão de surpresa da repórter ao perguntar-lhe como conseguia fazer este milagre, ele completou:

Eu ajusto apenas o primeiro televisor, de cada lote, os outros são regulados conforme o meu padrão.

Mas, especialistas em Qualidade Total, alertam para um aspecto muito curioso e controverso sobre o que define mesmo o significado final de qualidade, em seu aspecto mais apropriado.

"Qualidade é adequação ao uso". Joseph M. Juran

Aprendi a longas penas, aquilo que de fato a define com maior precisão: A FINALIDADE.

Senão vejamos um exemplo real e ilustrativo desta conclusão, num episódio ocorrido durante a segunda guerra mundial (1939 a 1945), durante uma batalha de tanques entre os PANZER alemães, com sua alta precisão germânica, considerados a obra prima da engenharia militar e o T34 de fabricação russa, que de tão rústico era apelidado de SAMO-VAR (um tipo de chaleira comunitária).

O conceito estratégico da aplicação de um tanque, é levar com total autonomia, uma peça de artilharia a qualquer lugar, onde seja necessário abrir caminho para o avanço da infantaria, diferente de um canhão estacionário e vulnerável à artilharia inimiga.

Deste modo, contar com um veículo ágil e capaz de vencer qualquer tipo de terreno, além da perícia dos seus comandantes e pilotos é fundamental para a vitória.

Entretanto na primeira das batalhas, o general russo conhecedor das especificações e rígidas tolerâncias mecânicas alemãs, atraiu os PANZER para um campo arenoso, no qual os tanques alemães em poucas manobras, começaram a moer areia e a emperrar suas engrenagens, até se imobilizarem, e se prostrarem imóveis como patinhos em stand de tiro.

Enquanto isto, os sacolejantes e imprecisos T34, se moviam com desenvoltura pelo terreno arenoso, despejando todo fogo sobre as guarnições germânicas, vencendo a batalha.

Pergunta: qual dos dois tipos de tanques apresentou maior qualidade?

Os sofisticados PANZER que ficaram imobilizados e presa fácil para o inimigo, ou os T34 SAMOVAR, que destruindo os inimigos cumpriram à risca sua FINALIDADE?

Destaco um aspecto muito sutil com respeito à qualidade nos dias de hoje, quando uma revolução silenciosa através da tecnologia da comunicação, está em andamento: A economia compartilhada, na qual vários atores contribuem através de uma rede interativa de negócios, fator nunca experimentado na história socioeconômica do planeta.

Esta rede interdependente de colaboradores inovadores pode produzir um volume de riquezas nunca visto anteriormente pois, é composta de uma enorme base de pirâmide socioeconômica integrada por empreendedores de valor extraordinário, pela criatividade e pela permanente inovação.

O pilar principal desta novidade é mais que qualidade de produto, do relacionamento, mais uma vez é a CONFIANÇA entremeada por toda a teia de integração e compartilhamento que assegurará seu êxito.

Vejamos um exemplo muito recente, ocorrido com uma empresa de alta reputação de qualidade de produto, de imagem ilibada, tradição respeitadíssima. Lembro-me de um antigo e respeitado slogan da marca: Quem conhece, confia.

Sim, estamos falando da tradicionalíssima e respeitadíssima VOLKSWAGEN.

A mesma que recentemente aplicou uma fraude bilionária

através de um software, dedicado a ludibriar as vistorias do grau de contaminação dos seus motores a diesel mundo afora.

Além de sofrer perdas bilionárias em seus futuros balanços, perdeu o melhor de suas conquistas junto aos seus usuários:

O velho slogan hoje, seria somente: QUEM CONHECE...

Esta poderosa empresa, neste momento está em desvantagem diante de seus concorrentes, que também vivenciaram situações adversas de mercado alguma vez em sua existência, como ocorreu com a Toyota e seus pedais dos aceleradores, a GM com suas chaves de ignição defeituosas e outras marcas ao redor do planeta.

Superará esta fase como os demais, porém esta lição deve servir para as empresas e para cada um de nós.

QUALIDADE é antes de tudo CONFIANÇA!

Existe um aspecto muito curioso também com respeito aos significados qualidade e inovação:

Por exemplo: quando da corrida espacial na década de 1960 entre russos e americanos, estes investiram milhões de dólares para inventar um tipo de caneta que pudesse funcionar em gravidade zero, sem derramar tinta.

Os soviéticos que não dispunham de tanto dinheiro para tais pesquisas, utilizavam algo prosaico e existente há tempos imemoriais: o lápis.

Utilidade inovadora para finalidade em ambiente G zero.

Inovação pode ocorrer através de uma invenção ou de uma nova utilização de um recurso já existente.

Edmund Phelps, economista americano ganhador do Premio Nobel de 2006 diz que o impulso da criatividade está sendo derrotado nas economias modernas pelo veneno do corporativismo e completa: "Fala-se muito da indústria de tecnologia". Mas o Vale do Silício na Califórnia, responde apenas por 3% da renda e por uma parcela ínfima de empregos nos Estados Unidos.

A revolução digital não compensou ainda a perda de energia e criatividade, de setores tradicionais da indústria e dos serviços.

Precisamos de um ambiente em que as empresas se sintam obrigadas a desenvolver coisas novas. Precisamos abandonar a ideia de que inovação é algo que os outros fazem e retornar a cultura de exploração e experimentação que fez com que a inovação explodisse em países como Estados Unidos, Inglaterra, Alemanha e França no século XIX.

"A alegria de criar, de empreender, e assumir riscos era vista como um caminho para uma vida plena".

Diferente de como pensam os jovens graduados, pós-graduados, mestrados e doutorados no Brasil de hoje, que buscam no serviço público a falsa segurança, que um concurso e um cargo vitalício parecem garantir.

Dinheiro entrando deve superar dinheiro saindo (cuidado: dois bolsos estão numa calça só).

Quando estabelecer o modelo de negócio, tenha em conta que apesar de que você seja o sócio detentor do todo ou parte do capital social, você não passa do investidor a quem o executivo (você mesmo) terá que prestar contas mensalmente.

Você é o encarregado do sucesso ou será sempre o culpado pelos prejuízos do negócio.

Deve-se estabelecer nesta primeira fase, o valor do pró-labore que cada sócio deverá receber, a partir de uma determinada data em que a geração de lucros lhe permita. Este valor, como o nome diz, é por conta das horas que cada um dos sócios dedicará a mover as atividades do negócio, o que teria que ser pago a alguém de dentro ou de fora da empresa para executá-las, através das receitas do negócio.

Então, aja conforme a frase de um famoso poeta brasileiro: "O segredo da felicidade, consiste em DESMISTURAR"

Dinheiro entrando deve superar dinheiro saindo, analogicamente, é claro. Portanto nunca misture ambos em um só bolso, apesar de que sejam de uma mesma calça (empresa). Caixa, Bancos e Contas a receber, no direito. Contas a pagar, no esquerdo. Se me faço entender.

Deste modo, como empregado de sua própria empresa, deve receber seu salário mensal. Como investidor deve cobrar e receber seus dividendos pelo sucesso anual da empresa. (ou aportar recursos para cobrir os eventuais prejuízos)

Sistemas de gestão financeira de baixo preço ou mesmo gratuitos, são artigos muito corriqueiros na internet.

Contar com um sistema destes de controle, Registros de Receitas, despesas, Faturamento, caixa e Bancos, compras, Contas a receber e a pagar e o fluxo de caixa, podem lhe dar uma boa visão do andamento do negócio em tempo real, a cada dia ou hora.

www.zeropapper.com

CAPÍTULO 10

Percepção sobre antigo e novo

Velho é o já conhecido. Novo: tudo que lhe era desconhecido até o momento.

A melhor confirmação desta verdade, pude ver numa charge, na qual estava um pai redigindo algo sobre uma escrivaninha, numa máquina de escrever daquelas portáteis, que hoje só são encontradas em lojas especializadas em relíquias, ou museus.

O filho pequeno de uns cinco anos, muito próximo da mesa, ao ver aquela estranha máquina exclamou: "Que doido pai, já vem com impressora".

Para a criança, aquela relíquia, era mesmo algo mais que novo: era inovador pois já vinha com impressora acoplada, o que os lap tops, não contêm.

No comércio varejista, tudo aquilo que já é muito conhecido dos empregados ou dos clientes, perde atratividade e deixa de ser oferecido pelos vendedores, mesmo que um novo cliente desconheça se seu estoque é recente ou antigo. Assim os produtos perdem giro e passam a se deteriorar nas prateleiras ou no armazém.

Nos supermercados, a rotatividade dos pacotes de cereais, é feita repondo os pacotes novos por baixo dos existentes, para que deste modo nada fique literalmente mofando por baixo das pilhas.

Vivi uma experiência muito interessante deste tipo, quando fomos contratados para uma consultoria comercial varejista, num magazine de moda masculina.

A empresa atravessava uma recessão estrutural, dentro de outra conjuntural muito difícil.

Seu crédito junto aos mercados fornecedores era nenhum. Não podia comprar nada novo e seus estoques estavam altos e muito desequilibrados a tal ponto, que mesmo que um cliente quisesse comprar, as limitações de tamanhos e padronagens, faziam com que mesmo boas ofertas e promoções fossem inócuas.

Durante a fase de diagnóstico, descobrimos um grande estoque de produtos, que não eram mais mercadorias pois já estavam sem giro havia muitos meses (mercadorias são produtos que giram. Os que não giram são apenas produtos, ou meros SALDOS). Desapega!

Como exemplo: no quarto andar do magazine (como se chamavam as lojas de departamentos na época) estava instalada a seção de saldos, que abrangia as pontas de estoque das demais seções da loja.

Ao final da primeira semana, apresentamos o diagnostico e o plano de trabalho para as correções das causas indesejáveis.

Ao entrar no recinto do escritório da diretoria, fui recebido pelo dono da empresa com a exclamação: Que elegância, onde comprou um traje tão bonito assim?

Respondi: Aqui mesmo em sua loja. Mais precisamente, na seção de saldos. Desde os sapatos até a gravata.

Ele então fez um desafio: Você viu lá as camisas de seda vermelha? Respondi sim!

São 365 de diversas tonalidades e estão penduradas e bem protegidas por plásticos, numa arara bem grande.

Pois então disse-me ele: Já tentamos de todo modo vender estas camisas sem êxito. Se você conseguir esta façanha, lhe darei uma medalha.

Passada esta entrevista inicial, começamos o trabalho que dentre muitas ações, incluía gestão comercial.

Neste projeto instalamos os sistemas de gestão e controle, treinamos pessoal de vendas, e o mais prioritário, atacamos os problemas de estoque e exposição da loja.

O grande, principal e vital limitador era a empresa não dispor de crédito para comprar nem um botão.

Assim, fazer compras para equilibrar as grades de numeração das mercadorias, estava fora de cogitação.

Mas, este limitador que era de fato uma fraqueza, muito bem trabalhado psicologicamente entre os colaboradores da empresa, se transformou no elemento motivador de todos para a ação criativa, tanto de nosso pessoal quanto da equipe da empresa cliente.

Primeiro identificamos as quantidades, qualidade e valores dos estoques, que era o único capital disponível para a empresa fazer caixa.

Descobrimos que modelos e padronagens das mercadorias apresentavam grades de tamanhos totalmente incoerentes, havia tamanhos muito pequenos ou muito grandes, nada dos médios que são os mais demandados.

Nesta loja se empregavam vários alfaiates para ajuste das roupas, que contudo se encontravam com tempo muito ocioso, pois devido às poucas vendas havia menos ajustes, ainda por fazer.

A seção de saldos entrou também na aferição dos estoques, para retornar muitos produtos aos salões de vendas das suas seções de origem.

Identificadas, a quantidade e a qualidade dos estoques, descobrimos que os tamanhos maiores poderiam ser ajustados para compor grades mais completas. Para isto ocupamos a capacidade ociosa dos alfaiates, que passaram a produzir como numa indústria, no mesmo espaço reorganizado do ateliê, utilizando a mesma maquinaria onde sempre trabalharam.

Quanto às 365 camisas vermelhas: A análise identificou que, os preços na seção de saldos estavam a 70% abaixo do preço de mercado na cidade.

Quem comprava este tipo de camisas à época eram pessoas de maior poder aquisitivo, que quase nunca subiam ao quarto andar para buscar saldos. Os poucos que subiam até lá, não se interessavam pelas camisas por não acreditar que aquelas camisas eram mesmo de seda, seja pela seção de saldos onde estavam ou até mesmo pelo preço tão aviltado.

O tratamento foi: comprar caixas de cartão para camisas, passar todas elas a ferro, dobrá-las cuidadosamente, acomodá-las em papel de seda dentro das caixas. Expor em local de destaque perto dos caixas. Triplicar o preço, e pagar uma comissão especial de 20% para cada venda realizada. Vendeu tudo antes do Natal.

Relocamos todas as seções de lugar dentro dos salões de vendas, para que assim vendo um novo ambiente, a clientela não reconhecesse mais aquele outro, já conhecido e viciado.

Estávamos próximos da estação de vendas de final de ano,

isto tudo ajudou muito a ampliar as vendas e as comissões dos vendedores.

Terminado o trabalho, a empresa devidamente reequili-brada, cliente satisfeito, nos restou a despedida com os votos de muita prosperidade, e com uma pequena medalha de ouro, para lembrança da vitória de todos sobre um grande desafio.

CAPÍTULO 11

Formação de lucros
ou de prejuízos?

Amigo dos meus amigos, meu amigo,
Amigo dos meus inimigos, meu inimigo,
Inimigo do meu inimigo, meu amigo.

Provérbio hebraico

Num kibutz (sistema integrado de produção rural) em Israel, Os alunos da escola rural, deveriam desenvolver uma horta comunitária, dentro das tarefas do seu curso.

Uma das técnicas ensinadas era do tempo do antigo Egito que consistia de pequenos potes de terracota, que eram enterrados para coletar e armazenar água, para irrigação por baixo das plantações das hortaliças.

Um dos alunos escolheu utilizar esta técnica por seu modo sustentável e de mais baixo custo da turma.

Quando o professor examinava o trabalho, notou que o menino judeu, havia comprado os potes de uma olaria próxima e que pertencia a uma família palestina, do lado de fora do kibutz.

Surpreso, o professor lhe questionou por que não se havia suprido, através da olaria que existia no próprio kibutz?

A resposta do aluno: simples, eu precisava utilizar no exercício dado, técnicas sustentáveis e sem sacrificar a margem de lucro.

A olaria do palestino, cobrava 50% do preço da olaria do kibutz, e o produto era muito mais permeável para a aplicação pretendida.

Ganhou nota 10.

O aluno aplicara parte da sabedoria do provérbio, ainda que o termo melhor aplicável, no caso seria: "concorrente do outro fornecedor, meu fornecedor".

CAPÍTULO 12

Vender: o negócio de qualquer empresa

Os 4 P do Marketing

O que é

Também denominados como Marketing Mix, são os 4 elementos básicos que compõem qualquer estratégia de marketing: Preço, Praça, Produto, Promoção. Donde se deduz, serem definições fundamentais que qualquer empresa deve aplicar para atingir um dado público-alvo.

Como fazer

Elaborar o seu Marketing Mix é relativamente simples, porém deve se fundamentar em um conhecimento profundo do mercado que se pretende ou se está atuando. Por exemplo, uma região de comercio popular como a da 25 de Março em São Paulo, que apesar de atuar sobre clientelas de poder aquisitivo muito similares, guarda diferenças sutis se comparada com a do

Saara no Rio de Janeiro, por questões culturais de comercio de cada população ou, como na pratica da tradição árabe na qual um produto começa a ser oferecido a um determinado preço e o consumidor vai negociando com o vendedor até chegarem a um lugar comum. Diferente da cultura ocidental de estabelecimento de um preço específico para um produto ou serviço.

a.	Preço: Refere-se ao valor perceptível que deverá ser cobrado ao cliente. Neste aspecto, o produto pode ser popular ou de luxo. Pode ser vendido só à vista, por crédito, débito, ou em parcelas mensais, consórcio ou leilão. A demonstração deste valor aquisitivo pode ser demonstrada de diversas maneiras como preço psicológico (os 99,90 ao invés de 100,00), pague quanto quiser, leilões, etc.

b.	Praça ou Ponto: É o local no qual o produto estará disponibilizado. Neste caso, pode ser em lojas físicas, on line, porta-a-porta. Do mesmo modo pactua-se sobre os prazos de entrega e de atendimento. Devem-se considerar modos criativos em utilizar praças de serviços/produtos complementares. Por exemplo: oferecer acessórios e utilitários de proteção e segurança, em postos de serviço, doces caseiros em lanchonetes fast-food.

c.	Produto: Composição específica das características e benefícios que os produtos ou serviços da sua empresa oferecerão: Medidas, cores, aplicações, cuidados, garantias, suporte etc. Benefícios e fatores diferenciais em geral, daquilo que está sendo oferecido.

d.	Promoção: Estratégias e táticas de apresentação e publicidade a serem utilizadas diretamente ou em cooperativas com fornecedores, que podem ser aplicadas em diversas mídias disponíveis: in door (no próprio ponto físico) outdoor (fora do ponto físico) on-line na internet (links patrocinados) e redes sociais, aplicativos para smartphones, jornais, rádio, TV, revistas., fanpage, etc...

No varejo ocorre uma queixa recorrente, que é aparentemente incontornável desde que me conheço por gente: "Não encontramos pessoal qualificado para vendas de balcão ou de campo, mesmo que seja para remuneração por comissões, mais salário fixo."

Acontece que o varejo lojista é quase sempre o primeiro emprego de uma moça ou de um rapaz, que está buscando ganhar um salário para pagar seus gastos, ajudar a família ou para suas necessidades básicas.

Quase nunca percebem que a parte variável da remuneração pode lhe ser mais interessante.

Cabe então ao empreendedor entender que este papel do varejo é importante para a sociedade e para ele mesmo em particular.

Qualificar seus vendedores é um investimento que seguramente trará retorno, enquanto este empregado estiver à sua disposição. Reciclá-lo e substituí-lo faz parte do processo.

O Bradesco é o maior formador de bancários para seus concorrentes e o Banco não está nem um pouco preocupado com isto. Faz parte de seu modelo de negócios.

Só existe um tipo de empresa no mundo: A QUE VENDE.

Toda empresa, de qualquer setor, vive da venda de seus produtos ou serviços. Contudo, é impressionante como pelo mundo afora existem empresas que não sabem vender, nem sua imagem, nem seus produtos. Algumas chegam a ser ícones da burocracia, de tanto que dificultam os negócios e de tal modo que o cliente até compra os produtos ou serviços muitas vezes, contra a vontade do vendedor, dada sua necessidade premente da mercadoria.

Como se diz no comércio: "ninguém terá jamais uma segunda chance de causar uma boa primeira impressão". Esta experiência do cliente será inesquecível (pelo lado positivo ou negativo, é claro).

A Fiat quando iniciou sua produção no Brasil, lançou um veículo denominado 147. Um veículo inesquecível! Quem já teve um deles nunca esqueceu o quanto de ruim ele era.

A empresa levou anos para se recuperar da má imagem inicial, que só começou a melhorar quando lançou a primeira versão do Uno.

Um bom recurso é utilizar-se deste curso RELÂMPAGO de vendas para treinamento do seu pessoal da linha de frente:

– Conheça muito bem o seu mercado e os seus clientes tradicionais e potenciais de seu negocio. Pesquise sobre quem são, onde estão, suas preferências, hábitos e até manias; registre tudo em seu banco de dados de clientes.

Parta sempre do pressuposto que o cliente que está a sua frente, está louco para se livrar da incumbência de comprar algo que necessita de momento ou para futuro próximo, mas não necessariamente nas condições que você lhe quer vender.

O cliente comprará quando já tenha, ou quando se crie uma necessidade de compra.

Criar necessidade de compra, passa por uma ação muito direta, principalmente quando você está introduzindo um novo produto ou serviço.

Deste modo você deve utilizar um método muito utilizado pelos vendedores de Herbalife, que é chamado de venda de elevador, a qual consiste em vender a entrevista no primeiro instante, para posteriormente introduzir os benefícios do produto e depois suas características e aplicações. Desde quando iniciaram suas atividades nos Estados Unidos, todos os seus agentes atuavam através do mantra: comprar o produto, tomar o shake e falar com as pessoas.

Outro recurso era um botom que todos levavam na lapela que dizia: Perca peso agora, pergunte-me como!

O condicionamento dos vendedores através da degustação e dos próprios resultados lhes impulsionava para a venda de modo muito convincente, a partir daquele momento em que o consumidor potencial, fazia a pergunta fatal: Como?

Eu mesmo fiz esta pergunta, disse a senha e entrei no jogo.

- Saiba que raríssimas vezes o produto que o cliente tem na mente, existe exatamente como ele pensou, por isto você pode ser uma tábua da salvação para ele, indicando-lhe a melhor solução disponível na sua empresa para atendê-lo no momento e, mesmo que ele não compre o produto, terá comprado sua imagem profissional e levado em um lugar especial de sua mente, a boa imagem do seu estabelecimento, o que será muito útil para quando ele precise de novo de algum produto ou serviço oferecido por sua marca.

- CONHECIMENTO DO CLIENTE: acostume-se a planejar as tarefas de cada dia, para atender de modo particular e eficaz a cada cliente. Para isto é necessário saber o máximo sobre cada um deles: Seu perfil pessoal, profissional, preferências, hábitos, melhor hora para atendê-lo, suas táticas de compra etc... para poder atuar NO FOCO DO CLIENTE!

- CONHECIMENTO DO PRODUTO: consiste em saber tudo sobre os produtos ou serviços que sua empresa vende ou seja, suas características e principalmente o que de fato vende produtos ou serviços: BENEFÍCIOS.

Benefícios são o que o produto ou serviço faz, mais ainda; o que faz para cada cliente em especial. Isto é importante destacar, pois, um fator que representa benefício para você, pode não representa-lo para outrem.

Faça com que você e sua equipe conheçam profundamente as características, as aplicações e os benefícios que apresentam.

No varejo, saber a localização de cada peça, as promoções relâmpago, os produtos com desconto, quando chegará a nova coleção, também representam o conhecimento adicional sobre o produto.

- TÉCNICAS PRÁTICAS DE VENDA: a vantagem de se conhecer um roteiro prático de técnicas de venda é saber como aplicá-las e a vantagem adicional disto, é que você poderá sempre recuar para o capítulo anterior e recomeçar de onde falhou, antes de partir para novo fechamento.

Os pontos-chave consistem em:

A.   DECLARAÇÃO DOS BENEFÍCIOS

Importante é saber com antecedência quem tem o DNA (D = dinheiro, N= Necessidade, A= Autoridade) para uma compra, pois nem sempre quem está como interlocutor tem todo o DNA. Conhecer precisamente quem reúne estes três poderes, economiza muito tempo entre o primeiro passo de uma venda e seu fechamento definitivo, como no exemplo: Uma pequena família de três pessoas entra numa loja de moda infanto/juvenil: são a mãe, o pai e uma criança de nove anos.

A mãe se dirige a vendedora e pede: Quero um vestido de festa para um batismo que iremos no sábado.

A vendedora muito solicita e bem treinada, apresenta a coleção e se dirige com a criança ao vestiário. Provam uma quantidade incrível de opções e ao fim, mãe estressada, pai impaciente e criança teimando que não gostou de nada que lhe fora apresentado.

Quem tem o D= Dinheiro (pai) N= Necessidade (mãe) A= Autoridade (criança)

Todos se esforçaram para que o negócio fosse concretizado, mas fracassaram no intento.

Seguramente a vendedora apesar de sua melhor técnica, não fora hábil o suficiente para convencer à autoridade (a criança) a dizer SIM!

Esta situação ocorre desde numa venda corriqueira no varejo, como na contratação de maquinarias de produção, aeronaves, serviços de engenharia etc...

Neste campo é importante "falar O OBJETIVO para a orelha certa.

Note que no exemplo a mãe deu informações básicas que permitiam uma oportunidade de introduzir uma boa declaração de benefícios, incluindo algum que alcançasse o ego infantil. Tipo: mais bonita da festa, conforto para dar liberdade de movimento depois da solenidade, versatilidade para uso posterior do modelo em outras festividades etc...

B.   SONDAGEM

Esta fase é de uma importância fundamental pois, lhe prepara o corpo a mente e o espírito para o fascinante jogo da venda. É agora que se monta a estratégia e as táticas a serem empregadas.

Sonda-se para afinar o conhecimento do produto, também para conhecer o cliente, (se tem o DNA), para descobrir qual aplicação ele pretende dar ao produto ou serviço, quais seus gostos ou preferências pessoais e tudo o mais que lhe conceda grande domínio da situação pois, o sucesso depende em grande parte da quantidade e da qualidade de fatores sob seu domínio. Quanto mais melhor.

Numa tarde de outono numa loja de eletro domésticos num shopping do sul do Brasil, uma senhorinha muito delicada pediu ao vendedor que lhe mostrasse um certo aquecedor, que vira numa promoção na televisão.

O vendedor se estendeu à exaustão em explicar-lhe minuciosamente as características técnicas, enquanto a senhorinha calada, examinava o produto.

Finda a explanação, o vendedor perguntou-lhe se gostaria de saber algo mais sobre o produto.

Ela respondeu delicadamente: Sim, meu rapaz, gostaria de

saber se este seu aquecedor é capaz de aquecer uma senhorinha no inverno.

Você sonda diretamente, quando quer que o cliente reaja através respostas curtas, sobre pontos de SEU interesse direto: Palavras chave: O QUE, QUAL, QUANTO, POSSO?

Você sonda indiretamente, quando quer que o cliente se estenda e revele aspectos importantes para ele. Palavras-chave: COMO, POR QUE, PARA QUE.

C.   APOIO

Nesta fase reside a necessidade de desenvolver grande capacidade de observação visual e acuidade auditiva para perceber os sinais que o cliente externa, ainda que inconscientemente, que "comprou" sua ideia, produto ou serviço.

Modo não verbal: expressão de alívio ou felicidade, diante do produto, descontração. Toque no produto.

Modo verbal: Usa expressões que denotem propriedade como: meu, nosso, instalarei, usarei, presentearei.

Se e quando o APOIO acontecer, parta imediatamente para o FECHAMENTO TENTATIVO, deixe para o final tudo que ainda falte ser dito sobre benefícios, características etc...

D.   PROVA

Durante toda e qualquer venda, de um modo ou de outro, em determinado momento o cliente solicitará uma prova, do que você está afirmando a respeito de seu produto ou serviço.

Prova documental: Apresente laudos, relatórios, recomendações técnicas de instituições de respaldo.

Prova testemunhal: Mostre vídeos ou declarações escritas de usuários ou formadores de opinião ou ainda uma demonstração pessoal convincente in loco e na hora.

E.   MANEJO DAS OBJEÇÕES

Sempre acontece próximo a hora do fechamento e na maioria das vezes, fruto de alguma incerteza que permanece na mente do cliente e sem que você a esclareça definitivamente, a venda não acontece.

Há dois modos de vencer as objeções:

DIFÍCIL: quando o seu produto ou serviço apresenta benefícios que não interessam especificamente ao cliente.

Minimize a objeção e reforce seus argumentos naqueles benefícios que seu produto apresenta de melhor e que é um diferencial importante.

EX: O veiculo que você está demonstrando não dispõe de tração 4x4 como a do concorrente da mesma categoria.

Se você sondou bem e sabe que o cliente usa o veículo em área urbana a maior parte do tempo, poderá argumentar que o investimento em um 4x4 para o uso que o cliente faz, não compensará o aparente benefício, pela diferença de preço na hora da compra, ou pela avaliação, quando for vender ou trocar o carro.

Introduza então, outros benefícios que seu produto se diferencia do concorrente e que você, ao sondar indiretamente, já identificou serem importantes para o cliente.

FÁCIL: Seu produto pode satisfazer a dúvida do cliente. Esclareça diretamente, demonstrando o benefício e parta para o fechamento tentativo.

EX: Este lap top funciona com HDTV e em 3D?

Ligue o equipamento, entregue-lhe os óculos e deixe que o cliente mesmo conecte o filme. Parta para o fechamento FINAL.

F.   FECHAMENTO

Tentativo: é aquele que vc deve fazer o tempo todo, sempre que o cliente apresentar um APOIO, ou que você tenha realizado uma PROVA ou tenha finalizado um bom manejo de objeção.

Resuma os benefícios mostrados durante a entrevista. Use uma pergunta indireta como: prefere pagar em dinheiro ou cartão? Faturamos sem juros até 4 vezes, qual modo prefere?

Final: simplesmente comece a preencher o pedido, embalar o produto ou preencher os dados do contrato.

IMPORTANTE: Conhecer as técnicas é muito importante para a condução da entrevista de vendas mas, este conhecimento também é muito útil, para que você tenha a confiança de poder recuar para corrigir uma fase, que tenha sido mal conduzida e que tenha contribuído para o não fechamento da venda.

MAIS IMPORTANTE: Estas técnicas podem e devem ser empregadas para VENDER aos clientes internos e externos de sua empresa, a sua marca, seus produtos, sua reputação.

G.   O Check List:

Antes de qualquer decolagem, piloto e co-piloto efetuam uma revisão completa de todas as fases e atividades vitais ao voo seguro.

Este exercício pode e deve ser praticado por qualquer vendedor, interno e externo para aperfeiçoar seu aprendizado permanentemente.

Pergunta-se:

1. Conhecimento do cliente: pesquisei adequadamente sobre a empresa, se o cliente potencial tinha o DNA para decidir pela compra, se conhecia informações precisas sobre o perfil, personalidade e preferências do cliente?

2. Conhecimento do produto: meu conhecimento do produto foi suficiente para atender às necessidades e aplicações requeridas e apresentar benefícios próprios e adicionais?

3. Declaração de benefícios: sabendo que são os benefícios os mais fortes fatores de venda de um produto ou serviço, minha declaração respeitou o principio de que um determinado benefício seja útil para um cliente e não para um outro?

4. Apoio: em qual momento o cliente agiu apoiando minha argumentação? Aproveitei adequadamente, com benefícios adicionais e fechamento tentativo?

5. Prova: apresentei testemunhos e/ou documentação adequada, quando o cliente duvidou de minha argumentação?

6. Manejo das objeções: minimizei a objeção do cliente e exaltei os benefícios de meu produto ou serviço?

7. Fechamento tentativo: em que ponto falhei, que não obtive o pedido? Em qual ponto acertei e obtive o pedido?

CAPÍTULO 13

Estudo de causas e efeitos

No processo de planejamento estratégico, identificar as causas indesejáveis dentro da lista de problemas identificados é o motivo principal por que; comumente a lista de efeitos indesejáveis, quando cotejados um a um, terminam por apontar um numero muito reduzido de causas, na maioria dos casos não superior a 20% e os efeitos a 80% de tudo, como já vimos no Principio de Pareto.

Esta fase de identificação, consiste em analisar uma lista de problemas encontrados registrando tudo num flip-chart, e perguntar sobre cada um: causa ou efeito?

Em seguida, riscar com um pincel preto os efeitos e circular com o vermelho as causas.

O passo seguinte é elencar quais causas atacar primeiro.

CAPÍTULO 14

Eleição das prioridades

V ocê não faz ideia como muitas pessoas têm dificuldade em eleger prioridades.

Tudo começa por identificar e selecionar o que é importante do que urgente. Muita gente responde que tudo é importante e na maioria das vezes é mesmo.

Descobrir o que é mais urgente e eleger por onde começar a aplicar as soluções é que é o funil da questão.

Neste capítulo, vale muito atentar e internalizar o método aplicado pelo General Dwigt D. Eisenhower, comandante em chefe dos exércitos aliados durante a segunda guerra mundial e posteriormente, presidente dos Estados Unidos da América.

Quando perguntado durante uma entrevista coletiva, no transcurso do conflito, sobre como ele conseguia ordenar as ações de modo a que todo o gigantesco aparato de homens, material bélico e logística funcionasse de modo harmônico e eficiente, respondeu: eu utilizo uma matriz muito simples na qual anoto as ações e demandas que me chegam, segundo dois eixos e dois critérios:

– Eixo horizontal, IMPORTANTE: listo tudo que me parece importante (todos tendemos a achar que tudo é importante).

Na linha logo abaixo destaco: eu ou alguém mais, se lembrará deste assunto uma semana depois?

– Eixo vertical, URGENTE: destaco em vermelho: se não for feito JÁ, que poderá acontecer?

No campo SIM, elejo aqueles assuntos para RESOLVER JÁ.

Mais abaixo, defino o que negarei.

No campo NÃO, elejo primeiramente aqueles que poderei agendar atividades para atendê-los.

Mais abaixo defino aqueles que ELIMINAREI ou reduzirei ao mínimo esforço.

Se foi útil em tempos de uma guerra mundial, poderá sê-lo também, na guerra pela prosperidade.

Veja a seguir e pratique com esta interessante matriz, ferramenta muito útil para a gestão do tempo, tão escasso nos dias de recessão, como os de agora.

MATRIZ DE EISENHORWER PARA GESTÃO DO TEMPO		
URGENTE		
Se não for feito JÁ, o que poderá acontecer?		
	SIM	NÃO
	Resolver JÁ	Agendar atividades
	Dizer não ou delegar	Eliminar ou reduzir ao mínimo

IMPORTANTE

EU OU ALGUÉM SE LEMBRARÁ DESTE ASSUNTO UMA SEMANA DEPOIS?

CAPÍTULO 15

Elaboração do plano de ações corretivas

Planejamento Estratégico Piccolini (Fantasia) Varejo De Moda Infantil No Brasil

Passo-a-passo:

- Horizonte (visão)
- Negócio
- A Missão
- Princípios & Valores
- Estudo das Forças
- Oportunidades & Ameaças
- • Causas x Efeitos
- • Matriz de Eisenhower
- Plano de Ação

1. Horizonte (31/12/2020)

É o período no qual transcorrerão as intervenções e mudanças necessárias para se alcançar os objetivos propostos.

6 Lojas (5 físicas, 1 virtual) / Referência no segmento / Liderança nos mercados

2. Negócio

INFÂNCIA

– Criança

– Crianças nas mentes dos clientes

OBJETIVO: Conquistar um lugar especial na mente dos clientes.

3. A Missão

"Realizar os melhores sonhos da infância onde quer que esta esteja, gerar empregos e renda nos mercados onde opere e encantar gerações de cientes de qualquer idade."

4. Princípios & Valores

PRINCÍPIOS

– Comprometimento

– Responsabilidade

– Ética

– Lealdade

– Confiança

– Honestidade

Sigla criada para memorização automática

VALORES

- Criatividade

- Bom Gosto

- Atualidade

- Afetividade

- Reciprocidade

- Lucratividade

- Trabalho

- Liderança

5. Estudo das Forças

Ao se partir para qualquer tipo de competição, torna-se fundamental conhecer nossos poderes assim como também nossas fragilidades.

Sem tal exercício pode-se cometer o erro de se superestimar nossos poderes, subestimando nossas fraquezas. Este erro de avaliação é sempre fatal e pode por a perder investimentos, talentos, tempo e imagem.

Nosso exercício detectou entre outras, as seguintes forças:

PROPULSORAS		RESTRITIVAS	
1.	Conhecimento do Mercado	1.	Falta de investimento em propaganda
2. (16 anos)	Experiência no Ramo	2.	Falta de controle de gestão
3.	Credibilidade	3.	Atual estágio do co-
4.	Estilo, qualidade, e		nhecimento do negócio franquia

variedade dos produtos.

5.   Rede de fornecedores

6.   Instalações modernas e confortáveis

7.   Política de preços

8.   Crédito

9.   Marca

4.   Cautela (um passo atrás do outro)

5.   Atendimento

6.   Remuneração baixa (balconistas)

7.   Má comunicação com o meio (clientela potencial).

8.   Inexistência de um cadastro de clientes

9.   Processo pós venda muito lento

10.   Não modernidade (fora da internet e-commerce)

6. Oportunidades & Ameaças

OPORTUNIDADES	AMEAÇAS
– Parcerias com fornecedores (G. Baby e outros) – Franquia no Panamá (Master para Centro América) – Franquias no Brasil – Filiais regionais	– Trabalhista (Legislação/ Tribunais/ Novo Gov.) – Dependência de pessoal conhecido – Baixo índice de profissionalização – Fácil acesso de empregados. a docs. da empresa – Falta de capital de giro – Loja alugada de terceiros

7. Plano de Ação

Causas	Ações O que	Resp. A quem	Data Limite Quando	Local Onde	Custo/benefício Recursos	Result. Previsto
Legislação Trabalhista. Permissiva	Criar e operar documentação comprob.: livros, ponto, ocorrência etc.	Laurenilda	06/01/15	Loja	50,00	--
Leg. Trab. Permissiva	Admitir para contrato. temporário: criar fundo de reservas	Laurenilda	06/01/15	Loja	200,00/res	2.400 / Ano
Depende de. Pessoal conhecido	Definir perfil empregado	Francisco	30/01/15	Escritório	4 h	Melhorar processo de admissão
Baixo Índice de profissionalização	Estabelecer novos padrões de relacionamento. c/ quadro	Laurenilda	30/03/15	Escritório	20 h	Melhor rel. H.T.
Fácil acesso doc. da Empresa.	Transf. Doc. P/ Escritório. Central	Laurenilda	28/02/15	Escritório	200,00	Sigilo
Falta capital giro	Balanço e análise do balanço	Luciene	05/01/15	Loja	10 h	Conhecimento do capital de giro
Falta capital de Giro	Registro a receber	Laurenilda	10/01/15	Loja	2 h	Conhecimento GE
Falta Capital de giro	Registro a pagar	Laurenilda	10/01/15	Loja	2 h	Conhecimento GE
Loja alugada terceiros	Aguardar negociações meses de março	Laurenilda	10/03/15	Loja	--	Garantir contr
Falta Investir em. Propaganda	Calendário Promocional.	Francisco / Luciana	06/01/15	Loja	6 h	Reforço marca e loja
Falta Investir em Propaganda	Calendário Compras	Luciana / Francisco	06/02/15	Loja	4 h	Reforço marca e loja
Falta Investir em Propaganda	Plano divulgação	Francisco / Laurenilda	06/02/15	Loja	4 h	Reforço marca e loja
Falta de Controles de Gestão	Aquisição computadores / imp / softwares	Luciana	10/01/15	Loja	R$ 2.000,00	Controles mais eficientes
Atual Estágio de Conhecimento em Franquia	Contratar A.B.F / Ver filiação	Francisco	03/01/15	Internet	1 h	Segurança no processo Franquia
Cautela	Plano de Negócio Franquias	Luciana / Francisco	28/03/15	Loja	8 h	Previsão de Crescimento
Atendimento	Selecionar balconistas conforme Perfil treinar monitorar, reciclar.	Laurenilda	28/03/15	Loja	--	Melhoria
Atendimento	Prorrog contrato Regina	Luciana	02/01/15	Loja	--	Definição
Remuneração Baixa a balconistas	Analisa margens e, preços p/ maior margem / comissão	Laurenilda / Francisco	15/01/15	Loja	--	Admissão de pessoal Melhor Qualificado
Má Comunicação c/ o meio	Melhorar a identificação visual	Laurenilda	30/07/15	Loja	1.500,00	Melhoria Cliente
Inexiste Cadastro. de Clientes	Criar e operar cadastro via redes sociais	Laurenilda	20/01/15	Loja	--	Promoção
Pós venda lento	Software / Lay out	Luciana / Francisco	30/01/15	Loja	2 h	Utilizar redes sociais
Não modernidade	Modernizar estrutura. Para instalar E-commerce	Laurenilda	30/06/15	Loja	--	Referência

CAPÍTULO 16

Quanto vale o seu negócio?

A o longo de mais de 40 anos como consultor de negócios e gestão, compartilhando conhecimentos com centenas de empresários dos mais diversos setores, jamais fui agraciado com uma resposta direta e concreta à pergunta: Quanto vale este seu negócio?

Entendo a dificuldade de um proprietário de um empreendimento, em estabelecer um preço para uma empresa que de certo modo é como uma filha, nascida de seu amor ao ramo, antes de entrega-la ao noivo em matrimônio.

Fatores racionais se mesclam com emocionais e até ao imponderável que nenhum dos fatores seguintes é capazes de satisfazer:

1. Valor contábil

2. Avaliação dos bens, direitos e obrigações

3. Capacidade da geração de recursos

O que entendemos mais adequado seja o valor percebido PELO MERCADO, para efeito de se determinar a taxa de retorno do capital.

Para tanto o fator primordial será definir, através de formula própria a TIR (taxa que determina a capacidade de geração de caixa) da empresa.

Mas, ainda resta um fator muito subjetivo para uma avaliação do valor de um negócio, muito presente nas grandes operações em Bolsas de Valores, principalmente nas ocasiões de IPO (lançamento inicial de ações) que se consideram todos os informes contábeis e econômicos tradicionais e também a capacidade de geração de valor extraordinário em futuro próximo (cinco anos mínimo).

Assim, como no caso da percepção de valor de uma cédula, vale a CONFIANÇA sobre o valor expresso, na cédula ou no negócio.

Depende também é óbvio, do modo como se anuncia, valoriza e negocia a venda.

Os IPOs. das empresas operadoras de negócios via internet moderna, realizam recursos exponencialmente superestimados ao seu valor patrimonial, tendo como horizonte o valor de mercado futuro de suas atividades inovadoras e lucrativas.

O fator preponderante é, como sempre, a CONFIANÇA dos investidores, na realização de lucros que determinada oportunidade oferece.

Mas, a exata e mais prática noção de VALOR DE SEU NEGÓCIO, não é para o mercado. Ela é muito mais útil para que você ao final de cada dia experimente a profunda sensação do dever cumprido e a melhor avaliação de você mesmo como liderança, de sua equipe como vencedores e de sua clientela como poderosos aliados.

"Venham para a beira, disse ele".

Eles responderam: Nós estamos com medo.
Venham para a beira, disse ele novamente.
Eles vieram. Ele os empurrou...
E eles voaram.". Apollinaire

"Daqui a vinte anos, você estará mais desapontado pelas coisas que
não fez, que por aquelas que você fez.
Então, jogue fora as amarras, veleje para longe do porto seguro.
Capture o vento de popa em suas velas.
Explore, Sonhe, Descubra!" Mark Twain.

"Muitos sabem falar de Deus,
Alguns sabem até falar com Deus
Mas, poucos sabem se calar, para que Deus
lhes possa falar". Hubert Rohden

CAPÍTULO 17

Extras

O plano do desastre (o fato real)

Amazônia, o comandante de um
Boeing da Varig consegue
descer na mata e salva
quase todos os passageiros.

P ouco depois das 5 da tarde de domingo 3 de setembro, 48 passageiros embarcaram no Boeing
737-200 da Varig, prefixo PP-VMK. Do acanhado Aeroporto de Marabá, no sul do Pará, eles teriam como destino
Belém, última etapa de um voo pinga-pinga que fora iniciado
em São Paulo, por volta das 9 horas da manhã, e que passara o
dia recolhendo e desembarcando viajantes por cidades tão diferentes do interior do país como Uberaba e Uberlândia, Goiânia,
Brasília e Imperatriz. Perto do seu destino final, já escurecendo,
chegara o momento da travessia entre Marabá, e Belém, uma
viagem curta sobre um tapete escuro de mata, cortado por al-

guns rios e reconhecido por qualquer piloto como um trecho delicado, com pouquíssimas cidades e quase nenhum campo de pouso. Um problema aqui é sempre pior que em outra parte – e os passageiros do 737-200 da Varig iriam descobrir essa verdade logo depois, de uma maneira especialmente dramática.

Quando o céu está claro e tudo funciona direito, não se gastam mais do que 38 minutos entre a decolagem em Marabá, e o pouso em Belém. Quando o tempo não está bom, e o 737-200 não pode desenvolver toda a velocidade, a viagem pode durar 45. Para os 48 passageiros do voo 254, no entanto, a viagem duraria mais de três horas e acabaria com um mergulho barulhento na mata. Na decolagem, o comandante, César Augusto Paduia Garcez, de 32 anos, cometeu um erro grotesco em seu plano de navegação – para chegar a Belém, precisava dirigir o Boeing por uma rota de 27 graus ao norte de Marabá, mas, em vez disso, pilotou o avião no rumo 270 graus oeste, num caminho que, em linha reta, levaria o aparelho a sobrevoar a Cordilheira dos Andes e a chegar a La Paz.

Perdido na Selva Amazônica, região do país onde os voos não contam com auxílio de radar, o comandante fez uma viagem atordoante. Chegou a informar aos passageiros de que deviam iniciar os preparativos para a aterrissagem em Belém – acabou abandonando a ideia ao constatar que não conseguia enxergar sequer as luzes da cidade. Mais tarde, preparou-se para pousar em Carajás, mas também passou longe do porto. Tentou, ainda, retornar a Marabá sem sucesso. Por fim, três horas depois da decolagem, quando não restava uma gota de querosene em seus reservatórios, o 737-200 da Varig afundou numa floresta de cipós e árvores de 30 metros de altura, deslizou sem espatifar-se contra as árvores, quase por milagre, e estacionou metros à frente na escuridão da floresta. No momento em que o avião parou, o comandante calculou que estivesse perto de Carajás, no Estado do Pará. Na verdade, encontrava-se na região de São José do Xingu, lugarejo de Mato Grosso a 500 quilômetros de Carajás e a 1 000 de Belém, seu destino original. Para explicar em bom português, o vôo do comandante Garcez equivale a um motorista sair de São Paulo com direção ao Rio de Janeiro, passar por Florianópolis e acabar chegando em Belo Horizonte, tudo isso sem perceber que pegara a estrada errada.

Uísque e vodca

Para os 48 passageiros e seis tripulantes do 737-200, o desastre do voo 254 transformou-se num drama que se iniciou na noite de domingo, quando o avião caiu na selva, para só terminar na madrugada de quarta-feira da semana passada – quando teve início a operação de resgate. Na queda, o Boeing transformou-se num aparelho em ruínas – as duas asas foram arrancadas pelas árvores, a cauda se desprendeu do corpo do avião e o lado direito da cabine, onde viajava o copiloto Nilson Zille, foi esmagado.

Das 109 poltronas do avião apenas sete permaneceram no lugar – as outras se soltaram, esmagando os passageiros. Até a noite de sexta-feira da semana passada, o número de mortos chegava a onze. O desastre do Boeing 737 foi uma tragédia para muitas famílias. Também produziu momentos de tensão entre os parentes dos passageiros – na noite de domingo, em busca de notícias sobre o paradeiro do avião, um grupo de familiares invadiu os escritórios da Varig no Aeroporto Val de Cans, em Belém, danificou equipamentos que encontrou ao alcance da mão e até mesmo tentou agredir o presidente da empresa, Hélio Smidt, que se protegeu atrás de soldados da PM. Nos dois dias que permaneceram abandonados na mata, os sobreviventes enfrentaram horas difíceis – a comida e a água eram racionadas, não havia remédios e muitos deles limpavam os ferimentos com uísque e vodca.

O fato, contudo, é que, por trás dos escombros do avião, dos feridos graves e daquele ambiente de sangue e morte que se forma em torno de um acidente desse tipo, se produziu um desses fenômenos que os materialistas chamam de "acontecimentos extraordinários", os supersticiosos atribuem a "forças sobrenaturais" e os religiosos classificam de "milagre". Às 20h45, ao constatar que não dispunha de combustível para chegar a parte alguma, o comandante Garcez informou aos passageiros, pelo alto-falante, que todos se encontravam numa viagem sem esperança. "As coisas não estão acontecendo porque eu quero", disse ele. "Vamos pedir a Deus para que tudo dê certo. Boa sorte para todos." Em seguida, o 737 iniciaria seu pouso sobre as árvores, envolvido pela escuridão, nas mãos de um comandante que não sabia onde se encontrava que não tinha a menor ideia do que esperava o avião em terra firme – podiam ser floresta cerradas, fazendas com pastos para gado, comuns na região, ou até mesmo rochedos.

A espera da morte

Durante os quinze minutos decorridos desde o aviso do comandante até o momento em que o Boeing caiu na selva, os 48 passageiros e os seis tripulantes conviveram com a mais terrível ameaça que pode alcançar um ser humano, que não é a da morte inesperada e instantânea, como ocorre na maioria dos desastres de automóvel, por exemplo, ou nem mesmo a de um paciente terminal, a quem o médico informa que lhe restam alguns meses de vida. Num caso, a pessoa não chega a perceber que seu fim está próximo e livra-se desse sofrimento, pelo menos. No outro, conta com a possibilidade de aproveitar a vida no período que lhe resta – e sempre pode alimentar a esperança de curar-se. Os passageiros do voo 254, porém, foram atirados, de uma hora para outra, numa situação mais aflitiva e mais urgente – a possibilidade concreta de morrer nos próximos quinze minutos. Uma parte dos viajantes se embriagou, formaram-se vários grupos de reza, mas, quando o Boeing, por fim, estacionou no meio da selva, a maioria pôde celebrar.

É certo que, das 54 pessoas que estavam a bordo, apenas 12 tiveram ferimentos leves – menos de meia dúzia não sofreu nada. Pelo menos duas dezenas foram atendidas, mais tarde, no hospital. O espantoso, no entanto, é que num desastre como esse em que um grande jato vai para o chão, 43 das 54 pessoas que nele viajavam tenham sobrevivido para contar a história. Num momento antes da queda, todo mundo no avião, mesmo com a esperança que sempre existe, sentia que a morte esperava pouco abaixo. No momento seguinte, depois da descida, do baque nas árvores, do encontro com o solo, a maioria dos envolvidos respirava – contra todas as chances. "Foi Deus quem guiou nosso avião", afirma um dos sobreviventes, Roberto Reis, 25 anos, que voltou para casa com hematomas no rosto e uma fratura no braço direito. "É simplesmente miraculoso", diz o engenheiro americano John Armstrong, que na última sexta-feira foi até São José do Xingu para examinar os destroços do 737. Em bom funcionamento, um avião igual ao que caiu na floresta, que já tinha catorze anos de fabricação, custa perto de 25 milhões de dólares. O estrago foi tamanho, no entanto, que será deixado na mata, para apodrecer como ferro-velho.

Um dos mais conhecidos ditados que circulam entre os pilotos é aquele que ensina que uma pane de avião é inofensiva, duas assustam e três derrubam. O Boeing 737-200, que deixou Marabá com os instrumentos em ordem, não apresentou nenhum problema grave em seus equipamentos ao longo da desastrada viagem de três horas sobre a floresta. "Todos os instrumentos operavam normalmente", relatou o próprio comandante César Garcez, ao longo de uma entrevista coletiva na sexta-feira da semana passada. Para seis comandantes de Boeing consultados por VEJA, parece óbvio que as dificuldades do voo 254 tiveram início com uma pane no piloto – aquela que o levou a confundir o rumo de 27 graus pelo de 270. Também é sabido que, ao viajar pela Amazônia, todo avião realiza uma empreitada menos segura do que quando faz a ponte aérea Rio-São Paulo, por exemplo – a diferença é que se trata de um voo que não é acompanhado por radar, e no qual o apoio por rádio, técnica de navegação que é capaz de formar uma espécie de túnel invisível que os pilotos precisam atravessar para chegar a seu destino sem maiores atropelos, funciona de forma precária.

Pane orgânica

Não é todo dia que os pilotos confundem a rota que terão de realizar, mas, de vez em quando, isso acontece. No caso mais célebre, em 1984, o avião do presidente João Figueiredo deixou Brasília com destino a Uberlândia e acabou pousando em Araguari – numa trapalhada que poucos estragos causaram além de um enorme constrangimento entre as autoridades aeronáuticas do país. Também é certo que, se falta de radares e de apoio pelo rádio em voos da Amazônia fosse capaz de provocar, por si só, um desastre aéreo, o problema estaria resolvido há muito tempo – pois as pessoas continuariam viajando pela região de barco. Reunindo, ainda, várias circunstâncias que permanecem misteriosas e que só serão desvendadas na medida em que houver progresso nas investigações, sabe-se, no entanto, que, além da pane orgânica (a do comandante), da pane estrutural (o buraco negro amazônico), também ocorreu uma outra dificuldade – a terceira pane.

Rodovia do espaço – Depois que o 737 deixou Marabá, havia um lugar de onde poderia ter partido uma espécie de boia salva-vidas para César Garcez descobrir a confusão na qual se metera acertar o rumo e aterrissar com todos os passageiros sãos e salvos – Tasa, órgão oficial que presta assistência ao piloto na fase inicial das aterrissagens, antes de sua chegada ao aeroporto, quando este serviço é feito pela torre de controle. Vinte e três minutos depois de decolar, convencido de que tudo corria bem no voo 254, o comandante entrou em contato com as antenas da Tasa, em Belém. "Estou pronto para iniciar a descida", informou. No mesmo diálogo, no entanto, César Garcez transmitiu uma outra notícia. "Não recebo 128,2 e não recebo informação do VOR", acrescentou. Para a maioria das pessoas que já andaram de avião, tanto esse número (128,2) como essa sigla (VOR) são hieróglifos que nada significam – o número até lembra a inflação acumulada nos últimos meses, e VOR parece nome de um desses partidos que lançaram candidatos anônimos à sucessão do presidente José Sarney. Para homens de aviação, no entanto, ali estavam os primeiros sinais que poderiam indicar que o Boeing 737 passava por problemas que seu comandante ignorava.

Ao dizer que não recebia o 128,2, César Garcez informou que o avião não estava captando uma onda de rádio que costuma auxiliar, secundariamente, os pilotos a navegar na direção correta. Quando contou, porém, que não recebia, também, o VOR, transmitira um quadro bem mais grave. Pois se chama de VOR outra onda de rádio, bem mais precisa que funciona como uma espécie de rodovia do espaço aéreo, utilizada pelos aviões para viajar de uma cidade para outra – é por causa do VOR que jatos que viajam a 900 quilômetros por hora, como o 737-200, não dão trombadas entre si, e também é graças ao VOR que a maioria dos pilotos alcança seu destino em viagens sem problemas. O fato, no entanto, é que, pelas antenas da Tasa, o comandante só recebeu uma outra orientação. "Autorizado para descer", lhe disseram, conforme reconstituição feita pelo Ministério da Aeronáutica.

Em terra firme, os técnicos da Tasa determinaram que o comandante desse prosseguimento a outras normas padrões de quem está acertando as últimas operações para o pouso. Momentos mais tarde, contudo, Garcez ainda relatou que enfrentava um pacote de problemas. Não conseguia comunicar-se com o Centro de Controle de Tráfego Aéreo, o Cindacta, em Brasília, que poderia lhe dar a posição exata do Boeing. Também não era capaz de entrar em contato com um sistema que funciona como guia para a aproximação da pista, chamado ISL-L, tão preciso que é capaz de comunicar-se com o piloto automático e conduzir o avião a uma distância de 400 metros da pista. O comandante contou, também, que não conseguia sequer falar com a torre de controle. Em resposta, ouviu a orientação de que tentasse uma aterrissagem visual – isto é, que procurasse o aeroporto com os olhos, escolhesse uma pista, lançasse o trem de pouso e pronto. O conselho até que seria muito razoável se o

737-200 estivesse na rota adequada e se houvesse uma pista de aeroporto nas proximidades. Como isso não ocorria, e estima-se que, naquela ocasião, o Boeing se encontrasse a pelo menos 1 000 quilômetros de Belém, a determinação do operador ao 737 foi igual a um diálogo no qual uma pessoa está falando em japonês, a outra responde em alemão – e as duas se despedem com a impressão de que se entenderam perfeitamente.

"Na minha opinião, neste acidente houve falha humana do piloto, que perdeu o rumo", afirma Martin Arrudão, piloto aposentado da Vasp, que voou nove anos consecutivos no comando de um Boeing 737 e que, durante dois anos, como membro da Associação Ibero-Americana de Pilotos, passou boa parte de sua rotina acompanhando investigações sobre acidentes ocorridos na América do Sul. "Houve também falha por falta de radar na região, e ainda é preciso pensar numa eventual fadiga dos pilotos", acrescenta. Os motivos que levaram o comandante Garcez: a cometer um erro tão grosseiro em sua rota permanece um mistério. Dois passageiros que estiveram com o comandante, na selva, asseguram que o ouviram admitir, aos prantos, que cometera uma falha. "Errei na rota e assumo isso", teria dito Garcez, conforme o relato de um deles, o engenheiro Epaminondas Chaves, que acabaria se transformando num dos heróis do desastre, ao estabelecer os primeiros contatos que permitiram a operação de resgate. "Não tive esse diálogo", desmentiu o comandante, na sexta-feira.

Sem saída

Momentos mais tarde, César Garcez tentaria pousar em Carajás. Naquele momento, as luzes da pista já estavam apagadas, mas, numa ação de emergência, o supervisor do aeroporto foi apanhado em casa para acendê-las – mesmo assim, o Boeing 737 passou longe dali. Eram 8h20 da noite de domingo quando César Garcez pediu ajuda pelo rádio. O comandante do voo 231 da Varig e o do 266 da mesma empresa, estacionado em Santarém, conversaram com ele por vários minutos. Também passava pela região o voo 382 da Vasp, comandado pelo piloto Miguel Ângelo, que ouviu a conversa. Segundo Ângelo contou a um amigo, César Garcez disse que estava perdido e até deu a impressão de que se resignara com a situação. Ele conversou com os outros dois pilotos da Varig durante 25 minutos. Às 20h45 a mensagem foi cortada. O comandante revelou, então, à comissária de bordo Jacqueline Mimeck, o que pretendia fazer. "Estamos sem saída", disse. "O único jeito é um pouso forçado aqui mesmo."

"É bom que vocês prestem muita atenção ao que eu vou dizer", começou a comissária-chefe, Solange Nunes, ao determinar com voz firme, mas calma, que os passageiros colocassem as poltronas na posição vertical e protegessem a cabeça entre os joelhos. Antes desse aviso, o ambiente entre os 48 passageiros era o de uma confusão aflita – as dependências da cantina chegaram a ser invadidas, garrafas de uísque e latas de cerveja foram distribuídas entre os viajantes. Ao serem informados dos cuidados que precisariam tomar, muitos se deram as mãos e choraram. Quando o comandante César Garcez desligou as turbinas, no entanto, o avião ficou em silêncio – tão quieto que era possível ouvir a respiração de quem se sentava ao lado. Por cinco minutos, o Boeing deslizou sobre as árvores, até que se ouviu um choque – as asas haviam sido arrancadas. O segundo estrondo foi maior – o avião chegara ao chão com suas 56 toneladas.

Produziu-se, ali na selva, uma dessas coisas difíceis de explicar. O mesmo César Garcez que fizera uma viagem por caminhos desmiolados conseguiu fazer uma aterrissagem de perito. Foi um pouso bem-feito, no qual ele permitiu que o Boeing perdesse velocidade até chegar aos 210 quilômetros horários e, através de uma manobra com os freios aerodinâmicos – os chamados flaps -, caísse primeiro com a cauda e depois com o resto do corpo do avião, amenizando o impacto gigantesco do choque com a selva. Entre os onze mortos, dois casos foram particularmente dramáticos. José Antonio Nascimento, que estava de pé numa filas intermediárias, foi jogado pelos ares, em direção à cabine do comandante – sua cabeça chegou a ficar encravada na porta, e ele morreu na hora. Outro viajante, Shikuo Fukuoka teve o tórax asfixiado por uma valise que insistiu em carregar consigo. Nas outras mortes, a causa foi idêntica: com o impacto da queda, as cadeiras foram arrancadas do chão e atiradas sobre os passageiros. Foi assim que o desastre dizimou uma família, os Melazo – morreram Kátia, de 25 anos, seu filho, Giuseppe, de 4, e um outro filho, Bruno, de 1 ano e 8 meses, encontra-se em coma profundo. Uma sobrinha de Kátia, que viajava em companhia de uma irmã e da mãe, Débora, de 1 ano, fraturou o cotovelo.

Na semana passada, contudo, o presidente da Varig, Helio Smidt, resolveu dizer que as mortes teriam ocorrido por outro motivo – não por esmagamento, mas porque alguns passageiros teriam bebido demais. Trata-se, no caso, de um típico raciocínio de um tubarão dos ares. Em primeiro lugar, porque o desastre feriu muitas crianças – é de duvidar, por exemplo, que a mãe do pequeno Giuseppe o tivesse embriagado a bordo. Outro problema que essa atitude revela é o velho costume das grandes personalidades do país que, diante de qualquer tragédia, procuram transferir as responsabilidades para seu alvo favorito – as vítimas.

Consumado o pouso de emergência, teria início um novo drama na seiva. Logo depois da queda do Boeing, as luzes se acenderam. Poucos passageiros estavam em condições de caminhar – a maioria ficara presa entre ferros retorcidos, poças de sangue, viajantes feridos e cadáveres. Uma das primeiras pessoas a se levantar foi o engenheiro Epaminondas Chaves. Logo, um grupo se formou a sua volta, e todos, atordoados, ainda não entendiam o que havia ocorrido. Quando entenderam, começaram a procurar a porta de saída. Tentaram a de emergência, sobre uma das asas, mas não conseguiram abri-la – no esforço, Maria de Fátima Bezerro Nóbrega, de 32 anos, gerente de uma tecelagem no Rio de Janeiro, chegou a fraturar a clavícula. Mais tarde, com socos e pontapés, eles conseguiram abrir a porta do avião e respirar o ar da selva. Começava a outra fase do drama dos passageiros do voo 254.

A rota da esperança

Depois de cair, os passageiros do Boeing passaram do pavor à euforia e começaram a lutar pela sua sobrevivência.

Depois do choque do avião com as árvores, escapar dos destroços foi um salto no escuro. Com a ajuda de outros passageiros feridos sem gravidade, o engenheiro Epaminondas de Souza Chaves, um paraense de 36 anos que se tornaria um personagem vital na localização dos sobreviventes, forçou a porta traseira do avião e conseguiu abri-la. Ele estava quase na altura da copa de uma árvore, mas não vacilou nem um segundo: fixou-se sobre um ponto do chão e pulou. A queda de pouco mais de 2 metros de altura foi amortecida pelas folhas, e o sucesso da manobra incentivou os outros a fazerem o mesmo. "No diabo do avião os metais ainda rangiam contra a vegetação quando saí correndo", conta o engenheiro. "Outros dez sobreviventes correram comigo de mãos dadas pela mata por uns dez minutos. Temíamos uma explosão."

Era noite de domingo. Os sobreviventes, trôpegos, correram pela mata adentro tropeçando nas raízes, perdendo partes da roupa nos gravetos e arranhando a pele nos espinhos. "Quando paramos estávamos esgotados, mas tomados por uma estranha euforia", conta o engenheiro. "Nos abraçávamos como jogadores de futebol depois de um gol." Até as 5 da manhã os onze sobreviventes que acompanharam Epaminondas não pensaram em mais nada a não ser em se salvar. Eles ouviram as pancadas metálicas produzidas pela machadinha do comandante Garcez, arrebentando as janelas do que sobrou do avião para ventilar o interior da cabine de passageiros. A voz do comandante chamando por eles chegava alta e clara, mas mantiveram-se quietos na mata até os primeiros raios de sol da manhã de segunda-feira. "Foi uma grande bobeira", diz a carioca Fátima Nóbrega, de 32 anos, que também conseguiu saltar pela porta arrombada que lhe custou uma luxação na clavícula. "Se soubéssemos que não havia perigo de explosão, teríamos ajudado o comandante e salvado mais gente."

Jaqueta do morto

O comandante Garcez ficou alguns minutos na cabine. Ele sabia que não havia perigo de explosão porque os tanques de combustível estavam vazios e o sistema elétrico havia sido desligado. O corpo de um passageiro, arremessado para frente pela bruta desaceleração do avião, arrombara a porta da cabine de comando e interpunha-se entre ele e o copiloto, que se feriu com alguma gravidade. "Minha primeira preocupação foi reunir a tripulação e evacuar os feridos", contou Garcez. Com essa disposição fixa na cabeça, Garcez reuniu os tripulantes, a eles se juntaram alguns passageiros e o grupo começou a retirar os feridos da carcaça do Boeing. "Ninguém conseguiu dormir na primeira noite", lembra Rita de Cassia Gasparin de Oliveira, que se feriu apenas de leve na queda, mas teve as roupas rasgadas e passou a se cobrir com uma jaqueta retirada de um dos passageiros mortos. "Muitos feridos ficaram presos nas ferragens e enquanto tiveram força, gemeram e gritaram por socorro", conta Rita.

Com ajuda de lanternas, a tripulação transportou os feridos que conseguiu mover sem grandes problemas e os acomodou no chão, do lado de fora da aeronave, sobre folhas de bananeira. Fazia muito frio na primeira noite, e, quando a manhã de segunda-feira chegou, o comandante Garcez tratou de organizar seu precário acampamento. Os estoques de água mineral, refrigerantes e cerveja acabaram-se logo. Alguns poucos comprimidos de analgésicos e antibióticos da maleta de primeiros socorros do avião foram distribuídos aos doentes e logo consumidos, os sanduíches da cozinha estavam empapados de sangue e foram abandonados. As pilhas das lanternas esvaíramse, prenunciando que a noite de segunda para terça-feira seria ainda mais desconfortável. "Começamos a perder o ânimo, os doentes pioravam e os corpos começavam a exalar um cheiro insuportável, lembrando-nos da possibilidade da morte", contou Luciane Morosini. "As crianças choraram muito, e ao longo da noite houve brigas entre pessoas que disputavam comprimidos e o pouco de água que ainda se conseguia."

Foguetes

Antes de o sol se pôr, o comandante Garcez encontrou um exemplar do Manual de Sobrevivência na Selva, leu alguns capítulos e passou o manual para outros passageiros. A primeira providência recomendada era procurar água, pois, segundo o manual, a pessoa só começa a perder forças por falta de comida a partir do quinto dia de jejum completo. Ao meio-dia de terça-feira, um jovem passageiro que ficara quase despercebido até então procurou o comandante e a aeromoça Solange, que chefiava as comissárias de bordo. "Gente, tenho alguma experiência no mato e vou procurar ajuda", disse o passageiro Afonso Saraiva, um agrimensor de 19 anos. Ao cabo de algumas horas, Saraiva voltou exultante à clareira aberta pelo avião na queda. Ele encontrara um riacho de águas cristalinas, aparentemente sem contaminação, tomou um banho, encheu duas garrafas de Coca-Cola e chegava ao grupo de sobreviventes mostrando seus troféus.

No mesmo dia, quem conseguia andar caminhou uma hora no mato para tomar banho no riacho encontrado por Saraiva. Os doentes puderam beber lentamente em canudinhos, auxiliados pelo médico João Roberto Matos, oftalmologista de 40 anos, que sobreviveu sem escoriações. Com o problema da água resolvido, os ânimos melhoraram. A aeromoça Jaqueline Mimeck, que ficara em estado de choque e se feriu com alguma gravidade na boca, encontrou sua maleta de roupas, colocou um biquíni e refrescou-se no riacho. Pouco a pouco, a esperança aumentava e, naquele ambiente coberto por uma sombra de tragédia, mas também pela satisfação da sobrevivência, começou a instalar-se uma certa rotina. O engenheiro Epaminondas juntara um grupo de voluntários e embrenhara-se na selva em busca de ajuda, armado apenas com uma sacola de alimentos, um canivete e dois sinalizadores, exatamente iguais ao foguete que a torcedora detonou no Maracanã, no domingo, na direção do goleiro da seleção chilena Rojas. A missão de Epaminondas fora bem-sucedida. "Andamos alguns quilômetros, e a mata acabou transformando-se num pasto", conta ele. "Fiquei alegre, pois onde tem boi tem gente."

Mais de mil vezes

Mais alguns quilômetros pelo pasto e Epaminondas e os voluntários encontraram dois vaqueiros num galope. Era ainda manhã quando Epaminondas e seus quatro companheiros, entre eles Antonio Farias de Oliveira, de 36 anos, gerente de uma avícola em Imperatriz, Maranhão, chegaram à casa grande da Fazenda Curumaré. Logo depois, um dos vaqueiros da fazenda partia para uma propriedade onde havia um radioamador. "Mandei o vaqueiro ir voando, pois tinha gente morrendo e precisando de socorros no avião", conta Epaminondas, que, para sua decepção, acabou descobrindo que fora dali as pessoas que deveriam estar atentas ao acidente e mobilizadas para resgatar feridos não tinham a mesma pressa. "Parece mentira, mas o vaqueiro voltou e disse que os homens não estavam acreditando na história de sobreviventes", contou o engenheiro. Ele foi até a fazenda, sentou-se ao microfone e contatou pelo menos quarenta radioamadores em todas as partes do país. Alguns radioamadores passaram a contatar a Infraero, mas ouviam das autoridades que era preciso fornecer mais detalhes para confirmar a história. "Passei a repetir o número de meu bilhete aéreo com quinze dígitos para todo mundo. Falei esse número umas 800 vezes, até que alguém acreditou", disse Epaminondas. "Acho que prestei um serviço a meus colegas. Se o socorro não chegasse naquele dia mesmo, muita gente ainda morreria." O socorro poderia ter chegado bem antes, não fossem alguns entraves em órgãos públicos encarregados justamente de entrar em ação com agilidade nos casos de emergência em que há vidas humanas em jogo.

Lentidão

O Boeing 737-200 é equipado com o que os pilotos chamam de beacon, um sinalizador eletrônico que manda para um satélite em órbita da Terra sinais de rádio de alta frequência. O satélite capta esses sinais e os reflete para estações rastreadoras em terra e, com base neles, podem-se localizar os aviões em qualquer ponto do globo em questão de horas. O comandante Garcez acionou seu beacon ainda na noite de domingo. Os sinais de rádio chegaram imediatamente ao satélite e foram retransmitidos instantaneamente à estação rastreadora do Instituto de Pesquisas Espaciais, o INPE, em Cachoeira Paulista. Teoricamente seria possível saber onde estava o avião antes mesmo que o sol nascesse na segunda-feira – ou seja, os feridos poderiam ter sido resgatados pelo menos quarenta horas antes do que efetivamente ocorreu. Mas a velocidade do equipamento esbarrou na lentidão e no desinteresse das pessoas que o operam.

A Infraero e o INPE só conseguiram manter uma conversação produtiva na segunda-feira, pois no domingo não havia quem pudesse interpretar os dados do satélite. Na tarde de segunda-feira, o chileno radicado no Brasil Gonzalez Valenzuela telefonou ao coronel Vila Verde, do Salvaero, no Rio de Janeiro, e lhe passou as primeiras coordenadas, ainda vagas, da localização do Boeing. Ele estaria em algum ponto do Xingu. Os técnicos precisaram esperar mais algumas passagens do satélite sobre a área do acidente para fazer novas medições, de forma que as coordenadas exatas só chegaram às mãos do Salvaero na tarde de terça-feira – pela simples razão de que o INPE só começou a rastrear os sinais de beacon com nove horas de atraso. Enquanto a selva impraticável da burocracia se atrasava, a situação dos feridos se agravava na mata. Nada explica lentidão numa situação de emergência. Quando caiu o DC-10 da United Airlines em Sioux City, nos Estados Unidos, há dois meses, o pessoal de terra, alertado pelo comandante da pane em que estava, teve apenas quarenta minutos para organizar as medidas preventivas. Em quarenta minutos, consegui-se reunir 700 bombeiros, médicos, paramédicos e cirurgiões em torno da pista de pouso.

Entregues a sua própria sorte, os passageiros tiveram momentos de bravura. Uma passageira em especial, Marinês Coimbra, fez o impossível para salvar a filha, Bruna, de quatro anos, que ficou dez horas com perna direita presa nas ferragens e corria o sério risco de sofrer uma gangrena – a obstrução da circulação seguida de necrose dos tecidos para a qual a única solução é a amputação. Marinês não se satisfez com os primeiros socorros fornecidos pelos médicos da FAB que desceram na clareira e resolveu levar Bruna até a Fazenda Curumaré. "Os soldados ajudaram e os mateiros da fazenda também", conta Marinês. "Levamos Bruna na maca até a fazenda e daí até a salvação." Eles andaram a noite pelo mato e, na manhã de quarta-feira, Bruna estava chegando a Brasília. Pelas últimas informações fornecidas pelos médicos na noite de sexta-feira, é provável que não seja necessário amputar a perna da menina.

Beijos e lágrimas – Enfrentando dificuldades de voo por causa da pouca visibilidade na região, os primeiros aviões da Força Aérea Brasileira que avistaram os destroços do avião da Varig decidiram pousar no campo de pouso improvisado da fazenda Curumaré. "Sabíamos que havia sobreviventes e resolvemos descer o pessoal paramédico no local antes do pôr-do-sol", disse o major Lobato, do Esquadrão Pelicano, uma força de combate composta de jatos e bombardeiros sediada em Campo Grande. Às 6 da tarde de terça-feira, os sobreviventes viram sair do helicóptero do Esquadrão Pelicano um homem pendurado numa corda em direção ao chão, Era o segundo-sargento João Batista Fisquine, de 26 anos, que, utilizando uma técnica conhecida pelos militares como rapel, escorregou do helicóptero amarrado a um cabo para ser o primeiro a prestar socorro aos acidentados.

"Quando desci, fui rodeado pelos sobreviventes, que me

abraçavam, me beijavam, choravam de uma forma tão intensa que fiquei sem ação", conta Fisquine. O militar conta que foi preciso a ação enérgica do comandante Garcez para permitir que os dois médicos e quatro enfermeiros da FAB pudessem descer e começar a trabalhar. "O comandante demonstrou grande liderança", lembra Fisquine. "Ele parecia uma mãe cuidando de suas crianças", completa o sargento Marcus Vinicius, 32 anos, o segundo homem a descer de rapel no local do acidente. A primeira preocupação dos soldados foi identificar os feridos mais graves. Era impossível qualquer remoção aérea, pois o sol se fora e os helicópteros tinham que voltar à base improvisada na fazenda vizinha. "Só pudemos retirar a Cleonilde Nunes de Melo, que estava com hemorragia interna e foi içada numa maca até o helicóptero", conta Vinicius. Cleonilde chegou a ser transportada num avião Búfalo até o hospital de campanha armado na Base Aérea de Cachimbo, mas não resistiu aos ferimentos e morreu. "Ela comemorou conosco o fato de estar viva, mas não resistiu", conta o major Lobato.

Parábola do Brasil

Em pouco tempo, a FAB estabeleceu uma rotina de salvamento que consistia em levar os feridos de helicóptero até a fazenda próxima e daí de avião até a Base de Cachimbo ou direto para Brasília, nos casos mais graves. Cleide Souza Paiva e a filha Thais conseguiram embarcar nessa ponte aérea de salvamento e foram atendidas no Hospital de Base de Brasília. Ambas passam bem. Pelo menos a passageira Cleonilde poderia ter sido salva caso o socorro chegasse antes aos destroços do avião, e muitas das vítimas que se encontram em estado grave poderiam estar em melhor estado, como o menino Bruno Melazo, que dificilmente se recuperará de uma lesão cerebral, e a própria garotinha Bruna. Nenhum dos sobreviventes tem reclamações a fazer do trabalho dos soldados da FAB, mas quase todos, especialmente os médicos que estavam a bordo, lamentaram acidamente a fileira de enganos, entraves burocráticos e a injustificável sonolência das autoridades na localização do avião que os fez passar 45 horas na seiva, distantes de qualquer socorro, numa inescapável parábola do Brasil, o país em que o piloto também sumiu e a maioria dos passageiros cuida de manter a própria vida econômica com os recursos que sobraram das calamidades administrativas.

Definindo a eficácia, segundo Stephen Covey

Os Sete Hábitos são hábitos eficazes. Como estão baseados em princípios, conduzem ao máximo possível de resultados benéficos a longo prazo. Torna-se a base do caráter da pessoa, criando um centro poderoso de mapas corretos, a partir dos quais um indivíduo pode resolver problemas com eficácia, maximizar oportunidades, aprendendo a integrar novos princípios em sua espiral ascendente de crescimento. Eles são hábitos eficazes também porque se baseiam em um paradigma de eficiência harmônico com as leis naturais, um princípio que chamei de "Equilíbrio P/CP":

Sendo P = Produção e CP = Capacidade Produtiva, o que causa estranheza a muita gente.

Este princípio pode ser facilmente compreendido se recordarmos a fábula de Esopo sobre a galinha dos ovos de ouro. A fábula conta a história de um pobre fazendeiro, que um dia descobre no ninho de sua galinha preferida um reluzente ovo de ouro. No início, ele desconfia de algum tipo de brincadeira. Mas, no momento em que vai jogar o ovo fora, pensa melhor e o leva para ser avaliado. O ovo era de ouro maciço! O fazendeiro não consegue acreditar em sua sorte. Fica ainda mais surpreso no dia seguinte, quando o fenômeno se repete. Dia após dia ele se levanta e corre para o galinheiro para apanhar mais um ovo de ouro. Ele acaba ficando imensamente rico, e mal podia acreditar em tanta sorte. Junto com a fortuna, porém, vieram a cobiça e a impaciência. Incapaz de esperar pelo ovo de ouro de cada dia, o fazendeiro decide matar a galinha e pegar todos os ovos de uma só vez. Mas, quando abre a ave, descobre que não havia nada dentro dela. Nenhum ovo de ouro. E agora não havia mais meio de consegui-los. O fazendeiro destruíra a galinha que os produzia. Acredito que nesta fábula se manifesta uma lei natural, um princípio – a definição básica da eficácia. A maioria das pessoas enxerga a eficácia a partir do paradigma dos ovos de ouro: quanto mais alguém produz, quanto mais faz, mais eficaz a pessoa é. Entretanto, conforme se pode ver na história, a eficácia resulta de duas coisas: o produto (ou seja, os ovos de ouro) e o meio de produção, ou a capacidade de produzir (a galinha). Se você adotar um modo de vida focalizado nos ovos de ouro, negligenciando a galinha, em pouco tempo perderá a fonte dos ovos de ouro. Por outro lado, se cuidar apenas da galinha, sem dar importância aos ovos de ouro, logo não terá mais meios para alimentar a galinha, ou a si próprio. A eficácia consiste no equilíbrio – no que chamo de Equilíbrio P/CP P representa a Produção dos resultados desejados, os ovos de ouro. CP indica a Capacidade de Produção, o bem ou meio que produz os ovos de ouro.

Três tipos de meios

Existem basicamente três tipos de bens ou meios: físicos, financeiros e humanos. Vamos abordá-los um a um. Há alguns anos comprei um bem físico – uma máquina de cortar grama. Usei o cortador diversas vezes, sem me preocupar em fazer a manutenção. Ele funcionou adequadamente durante dois anos, mas depois disso começou a dar problemas. Quanto tentei recuperá-lo, afiando as lâminas e revisando o motor, descobri que a máquina perdera mais da metade de sua força original. Não prestava mais para nada.

Paradigma dos sete hábitos

Se eu tivesse investido em CP – manutenção e conservação do bem, ainda desfrutaria de sua P – a grama aparada. Como não cuidei dele, precisei gastar muito mais tempo e dinheiro para comprar um cortador de grama novo do que teria gastado na manutenção adequada da máquina original. A eficácia, no caso, foi nenhuma. Em nossa busca frenética por resultados ou vantagens a curto prazo, frequentemente destruímos um bem físico precioso – seja ele um carro, computador, máquina de lavar ou até nosso corpo e meio ambiente. Manter P e CP em equilíbrio representa uma enorme diferença na utilização eficaz dos bens físicos. Esta visão também prejudica o uso eficaz dos meios financeiros. As pessoas não confundem frequentemente o capital com o lucro? Você já lançou mão do capital para melhorar seu padrão de vida, para obter mais ovos de ouro? O capital reduzido tem um poder reduzido em termos de produção de renda ou lucro. E o capital em processo de redução encolhe mais e mais, até que se torna incapaz até mesmo de suprir as necessidades mais básicas da pessoa. Nosso meio financeiro mais importante é a capacidade de ganhar. Se não investimos continuamente na melhoria de nossa própria CP, limitamos drasticamente nossas opções. Ficamos presos a nossa situação atual, morrendo de medo do chefe, da opinião que tenham de nós na empresa, dependentes economicamente e sempre na defensiva. Mais um exemplo de ineficiência. No meio humano o equilíbrio P/CP é igualmente fundamental, até mais importante, pois as pessoas controlam os ativos físicos e financeiros. Quando duas pessoas, em um casamento, estão mais preocupadas em conseguir os ovos de ouro, os benefícios, do que em preservar o relacionamento que torna tais benefícios possíveis, com frequência agem de forma insensível, sem consideração pelo outro, negligenciando a boa vontade e a cortesia, tão importantes em um relacionamento profundo. Passam a lançar mão de estratagemas para manipular o outro, concentram-se em suas necessidades para justificar a atitude tomada e ficam procurando provas de que o outro está sempre errado. O amor, a delicadeza, o enriquecimento mútuo e a espontaneidade começam a se deteriorar. A galinha dos ovos de ouro mostra-se mais enferma a cada dia. E o que dizer do relacionamento entre pai e filho?

Quando as crianças são pequenas sua vulnerabilidade e dependência é enorme. Torna-se muito fácil negligenciar o esforço exigido pela CP – treinamento, comunicação, relacionamento e atenção fundamentais.

É mais fácil aproveitar as vantagens, manipular, conseguir o que você quer do jeito que você quer – já!

Você é maior e mais esperto, e está sempre certo! Então por que não dizer a eles o que fazer e pronto? Se for preciso, grite com eles, lance mão da intimidação, insista até que façam as coisas do seu jeito. Ou então seja indulgente. Agarre-se ao ovo de ouro da popularidade, tente agradar seus filhos, deixe que façam tudo como quiserem. Assim eles crescerão sem parâmetros ou expectativas, sem um compromisso pessoal interno com a disciplina e a responsabilidade.

Qualquer um dos caminhos – autoritário ou permissivo – revela a existência de uma mentalidade tipo ovo de ouro. Você quer ver as coisas feitas do seu jeito, ou prefere ser adorado. Mas o que acontece com a galinha dos ovos de ouro, enquanto isso? Qual a disciplina, a confiança na capacidade de fazer as escolhas certas e de atingir metas importantes que uma criança assim terá, após alguns anos? E quanto ao seu relacionamento? Quando seu filho chegar aos anos críticos da adolescência, e tiver a crise da identidade, será que ele saberá, a partir das experiências que teve, que você é capaz de ouvi-lo sem julgar, que realmente se importa com ele enquanto pessoa e que é digno de confiança, não importa o que aconteça? O relacionamento será forte o suficiente para que você consiga ficar próximo dele, comunicar-se com ele e influenciá-lo? Suponha que você queira que o quarto de sua filha esteja sempre em ordem – isso é P, produção, o ovo de ouro. E suponha que você deseje que ela o limpe – isso é CP, capacidade de produção. Sua filha é a galinha dos ovos de ouro, o meio de produção. Se houver um equilíbrio entre P e CP, ela vai limpar o quarto com prazer, sem que seja necessário ordenar, pois ela é responsável e tem a disciplina para arcar com as responsabilidades. Ela é um bem precioso, a galinha que produz ovos de ouro.

Entretanto, se o seu paradigma está focalizado na produção, ou seja, na limpeza do quarto, vai acabar atormentando sua filha para que ela faça isso. Quem sabe seus esforços o levem a fazer ameaças ou a gritar, de modo que, no afã de conseguir os ovos de ouro, prejudique a saúde e o bem-estar da galinha? Vou relatar uma experiência interessante de CP, ocorrida com uma de minhas filhas. Estávamos planejando um passeio a dois, algo que gosto de fazer regularmente, com cada um de meus filhos. Sabemos que programar o passeio é tão gostoso quanto sua realização. Sendo assim, falei para minha filha:

– Querida, hoje é a nossa noite. O que você quer fazer?

– Qualquer coisa, papai.

– Foi a resposta.

– Nada disso – falei.

– Sei que você quer ir a algum lugar especial.

– Sabe o que é... – Ela finalmente se abriu.

– Acho que você não ia gostar do que eu tenho vontade de fazer.

– De jeito nenhum – retruquei veemente.

– Estou disposto a fazer o que você quiser. Qualquer coisa. A escolha é sua.

– Quero assistir a Guerra nas Estrelas – ela falou. Mas sei que você não gosta de Guerra nas Estrelas. Na última vez dormiu o filme inteiro. Você não gosta deste tipo de filme. Mas não faz mal, papai.

– Tudo bem, querida. Se for isso que você quer fazer, então vamos fazer, eu vou gostar.

Ora, papai, não se preocupe com isso. Não temos a obrigação de sair.

– Ela fez uma pausa e acrescentou: – Sabe por que você não gosta de Guerra nas Estrelas? Porque não compreende a filosofia e o treinamento de um cavaleiro Jedi.

– Como?

– Sabe estas coisas que você ensina, papai? São iguais às coisas que fazem parte do treinamento de um cavaleiro Jedi.

– É mesmo? Então vamos ver Guerra nas Estrelas! E foi o que fizemos. Ela sentou-se a meu lado e me explicou o paradigma.

Tornei-me o estudante, o aprendiz. Foi absolutamente fascinante. Consegui ver, com este novo paradigma, a maneira como a filosofia básica presente no treinamento de um cavaleiro Jedi se manifesta nas mais diversas circunstâncias. A experiência não foi um evento P planejado. Ela resultou de um investimento CP, foi um fruto inesperado e benéfico deste investimento. Foi muito interessante e satisfatório. Mostra que nós aproveitamos melhor os ovos de ouro quando a galinha – a qualidade do relacionamento – recebe a alimentação apropriada.

CP Organizacional

Um dos aspectos mais valiosos de qualquer princípio correto é sua validade e possibilidade de aplicação em uma ampla gama de circunstâncias. Neste livro eu gostaria de mostrar a vocês algumas maneiras como estes princípios se aplicam a organizações, inclusive famílias, e a indivíduos também. Quando as pessoas deixam de respeitar o equilíbrio P/CP, ao usarem os bens físicos nas organizações, elas provocam a queda da eficácia organizacional deixando frequentemente uma galinha morta para os outros. Por exemplo, um indivíduo encarregado de um bem físico, como uma máquina, pode estar ansioso para causar uma boa impressão em seus superiores. Talvez a empresa esteja crescendo rapidamente, e as promoções aconteçam com frequência. Sendo assim, ele produz em ritmo acelerado -, nada de pausas ou manutenção. A máquina trabalha dia e noite. A produção é fenomenal, os custos baixos, e os lucros disparam. Em pouco tempo, o sujeito ganha a promoção esperada. Os ovos de ouro! Suponha, contudo, que você seja seu sucessor no trabalho. Vai herdar uma galinha muito doente, uma máquina que, a esta altura, está desgastada, e começa a dar problemas. Exige investimentos altos em manutenção, e passa muito tempo parada. Os custos sobem barbaramente, os lucros desaparecem. E quem leva a culpa pela perda dos ovos de ouro? Você. A culpa é sua. Seu antecessor arruinou o bem, mas a contabilidade só registra o número de peças produzidas, os custos e os lucros. O equilíbrio P/CP torna-se particularmente importante quando aplicado aos seres humanos envolvidos com uma organização – clientes e funcionários. Conheço um restaurante que servia um ensopado de mariscos deliciosos, e vivia lotado de fregueses diariamente, na hora do almoço. Quando a firma foi vendida, o novo proprietário concentrou-se nos ovos de ouro – e resolveu aumentar a água do ensopado.

Durante mais ou menos um mês, tendo reduzido os custos e mantido a receita, os lucros aumentaram barbaramente. Pouco a pouco, entretanto, os fregueses começaram a sumir. A confiança se fora, e os negócios se reduziram a zero, praticamente. O novo proprietário tentou desesperadamente recuperar a clientela, mas ele havia negligenciado seus fregueses, abusando de sua confiança. Perdeu um bem precioso, a lealdade dos consumidores.

Não havia mais galinha nenhuma para produzir os ovos de ouro. Existem também as organizações que falam muito no consumidor, mas negligenciam totalmente as pessoas que lidam com o público – os funcionários. O princípio CP diz para tratar sempre os funcionários do modo como deseja que eles tratem os fregueses mais importantes. Você pode comprar o trabalho de uma pessoa, mas não pode comprar seu coração. O entusiasmo e a lealdade encontram-se no coração.

Você pode comprar a força, mas não pode comprar o cérebro. E a criatividade, engenhosidade e potencial encontram-se no cérebro. A receita CP é tratar os empregados como se fossem voluntários, assim como devemos também tratar os clientes, pois é isso que eles são. Eles podem fornecer voluntariamente o que têm de melhor – seus corações e mentes. Fiz parte de um grupo, uma vez, onde alguém perguntou:

– Como fazer para colocar empregados incompetentes e preguiçosos na linha?

– Jogue uma granada de mão! – respondeu um dos presentes.

Grande parte dos outros membros do grupo elogiou este estilo machão de gerenciamento, a abordagem "ou dá ou desce" na supervisão do pessoal.

Mas alguém do grupo perguntou: – E quem vai catar os pedaços?

– Não haverá pedaços.

– Então por que você não faz a mesma coisa com seus clientes? – O homem que adotou uma postura crítica quis saber. Diga, simplesmente: "Se não vai comprar nada, pode cair fora daqui".

– Mas eu não posso fazer isso com meus clientes – o machão falou.

– Então por que acha que pode fazer isso com seus empregados? – Porque são meus empregados.

– Compreendo. Seus empregados são dedicados ao serviço? Trabalham duro? Qual é a taxa de rotatividade da mão-de-obra?

– Está querendo me gozar? Não dá para encontrar ninguém competente hoje em dia. Temos excesso de rotatividade, absenteísmo, corpo mole. Ninguém dá a mínima para o trabalho. O foco nos ovos de ouro – uma atitude e um paradigma como este – mostra-se totalmente inadequado para lidar com as energias poderosas existentes no coração e na mente de outra pessoa. Estabelecer limites e metas a curto prazo é importante, mas não é tudo. A eficácia está no equilíbrio. O foco excessivo em P resulta em saúde comprometida, máquinas desgastadas, contas bancárias exauridas e relações rompidas. O foco excessivo em CP equivale a uma pessoa que passa três ou quatro horas por dia correndo, e se gaba dos dez anos extras de vida que consegue com isso, sem perceber que está gastando estes dez anos na corrida. Ou então a uma pessoa frequentando eternamente a escola, sem nada produzir, vivendo dos ovos de ouro alheios – a síndrome do estudante profissional.

A manutenção do equilíbrio P/CP, entre os ovos de ouro (a produção) e a saúde e bem-estar da galinha (a capacidade de produção), exige com frequência uma boa capacidade de discernimento. Mas eu tenho a impressão de que isso é a verdadeira essência da eficácia. Consegue-se o equilíbrio entre o curto e o longo prazo. Equilibra a necessidade de uma boa educação e o preço a ser pago por ela. Equilibra a vontade de ter um quarto arrumado e o investimento em uma relação na qual uma criança é estimulada a ser ordeira em seu íntimo – de boa vontade, espontaneamente, sem necessidade de supervisão externa.

Este princípio pode ser visto na vida de uma pessoa que se mata de trabalhar, passando a noite em claro para conseguir mais ovos de ouro, e acaba exausta e incapaz de continuar produzindo, em oposição à outra que desfruta de uma boa noite de sono e acorda disposta a produzir durante todo o dia. Este princípio pode ser reconhecido quando você força a barra para que as coisas sejam do seu jeito em um relacionamento, e descobre que este se esvaziou, ou quando dedica realmente muito tempo a uma relação e percebe que o desejo e a capacidade de criar junto com alguém e de se comunicar dá um salto qualitativo. O equilíbrio P/CP é a verdadeira essência da eficácia.

Aplica-se a todos os setores da vida. Podemos trabalhar com ele ou contra ele, mas sempre estará aqui. É como um farol."

REFERÊNCIAS

– Os 7 Hábitos das Pessoas Muito Eficazes – Stephen Covey

– Ajuda-te Pela Cibernética Mental – U. S. Andersen

– La Buena Suerte – Fernando Trias de Bes & Alex Celma

– Poder Sem Limites – Anthony Robbins

– Não Carregue o piano – Valternômem Coelho dos Santos.

– O Sermão da Montanha – Hubert Rohden

– http://sl.empiricus.com.br/pe34-calote-video/?key=3d0d6bab-c089-431d-92bf799f08b4fa29&utm_source=veja&utm_medium=welcomead&utm_campaign=veja-welcomead-160216-PE-0-promovideo-PE34&xcode=XEPEVJ34

– O Sermão da Montanha – Yusuf ben Yusef (Jesus filho de José).

– https://www.youtube.com/watch?v=zon0TkL0p2Q

SOBRE O AUTOR

Nilton França

França, como costuma ser chamado, é Administrador de Empresas e especialista em Marketing e Negócios Internacionais.

Em seus mais de 30 anos de larga experiência, tanto como gerente (ESSO, XEROX, GENERAL MOTORS), empreendedor (FRANÇA EVENTOS & NEGÓCIOS INT. LTD), industrial (têxtil) e consultor, foi responsável pelo desenvolvimento de programas nacionais do SEBRAE, como o PRONORTE/TO, MULTICAMINHOS /GO/TO/DF/MG/RJ/ES (Logística em toda malha do Corredor Centro/Leste), APEX BRASIL, (Feiras Internacionais nas 3 Américas e Europa dentre outros), além de ter transformado em vencedoras as dezenas de empresas onde atuou como consultor.